WELCOME

DE LA MÊME AUTRICE

Orahe, la méthode Estelle Lefébure, Flammarion, 2015, J'ai lu, 2017.

Orahe, ma méthode anti-âge, Flammarion, 2016, J'ai lu, 2017.

Orahe, le bien-être pour les enfants, Flammarion, 2017, J'ai lu, 2018.

Vivre au rythme de son cœur, Flammarion, 2019.

Estelle Lefébure

WELCOME

Accueillir le temps qui passe

Flammarion

Toutes les photos du cahier central font partie de la collection personnelle d'Estelle Lefébure.

ISBN : 978-2-0804-7078-2

Introduction

Le temps qui passe... C'est un cadeau merveilleux, mais aussi une source d'inquiétudes et d'interrogations. Surtout pour nous, les femmes : notre corps change ; notre reflet dans le miroir aussi. C'est le moment des premières rides, des premiers cheveux blancs, des « petites douleurs ». Pour certaines, du départ des enfants. Pour d'autres, de l'approche de la retraite. De la ménopause aussi, et de ses conséquences sur notre physique et notre mental.

Les années défilent, et nous prenons de l'âge. Pourtant, dans notre tête, nous avons toujours 16 ans... Comment alors être en accord avec nous-même, « bien dans nos baskets », quand on a l'impression que tout nous renvoie à notre âge ? Celui que l'on a, celui que l'on fait, celui qu'on devrait faire ou celui qu'on n'aura plus jamais ?

L'existence d'une femme est complexe ; c'est ce qui la rend si passionnante. Elle est marquée par des passages, des séquences, des moments qui ont un impact sur notre physique et notre mental : la puberté, la maternité, la ménopause... Ces dernières années, la parole s'est libérée à propos de cette étape dans notre parcours de vie, longtemps restée taboue. Les femmes commencent à se délivrer de ce qui les entrave, les emprisonne, les fait souffrir ou les contraint, dans presque tous les domaines, et parlent désormais de la vie à tout âge avec bienveillance, enthousiasme et exaltation.

Depuis toujours, j'ai choisi de mener mon existence en accueillant ce qu'elle me propose, les joies comme les peines, les malheurs comme les bonheurs. L'idée de ce livre m'est venue il y a quelques années, lorsque je suis devenue la grand-mère d'un petit être extraordinaire qui me remplit de joie. Ce nouveau statut a été une bénédiction, alors que, autour de moi, on me disait parfois : « Grand-mère ? Déjà ? Ça va te mettre un sacré coup de vieux... » Non seulement je remercie la vie pour cet instant mais il m'a confortée dans l'idée que vieillir était une chance. J'ai alors eu envie de montrer comment on peut avancer en âge et y prendre un plaisir immense.

C'est pourquoi j'ai voulu ce livre comme une ode à la vie. *Welcome*, c'est un hymne au temps qui passe. Aux plaisirs que procure l'existence. Au bonheur de s'épanouir encore et toujours. Je l'ai conçu comme un répertoire dans lequel se succèdent les verbes qui ont du sens pour moi : prendre soin, profiter, se plaire, aimer. Mais aussi sourire, danser, bouger, respirer. Se nourrir, dorloter. Dormir. Préserver, s'engager… et se libérer. Défendre. Vieillir ! Au fil des pages, je vous livrerai mon expérience de mère, de grand-mère, de compagne, de femme aux multiples activités, professionnelles comme privées, qui, je l'espère, vous convaincra que notre vie n'a rien à voir avec l'âge que l'on a : elle est le reflet de qui nous sommes.

Lutter contre le temps qui passe est vain : quoi que nous tentions pour le retenir, le ralentir, il continuera sa route. Il n'y a pas de retour en arrière possible ! Alors pourquoi dépenser tant d'énergie – et parfois d'argent – à courir après une chimère ? Avec l'âge, nous connaissons mieux notre corps ; apprenons enfin à l'aimer. Libérons-nous du jugement des autres et faisons la paix avec nous-même. Fixons nos propres règles. Et accueillons chaque jour comme un cadeau.

Première partie

MANGER

Manger est une des choses que je préfère dans la vie ! Non seulement j'aime manger, mais j'aime aussi cuisiner, découvrir de nouvelles saveurs, de nouvelles associations d'aliments. En cuisine comme dans la vie, je suis curieuse. Mais je dois surtout cette passion à ma maman et à sa famille : je l'ai toujours vue, dès qu'elle avait le temps, se mettre aux fourneaux. Les moments passés à cuisiner étaient joyeux et animés, car souvent ils regroupaient plusieurs membres de notre famille : ma mère, mais aussi ma tante Françoise, grande cuisinière, ma grand-mère boulangère-pâtissière et mon oncle Michel, qui en a fait son métier – il a travaillé chez Lenôtre entre autres. Je me revois, enfant, en train d'aider ma mère à préparer les repas familiaux du dimanche midi... Depuis toujours, pour moi, cuisine rime avec partage.

J'ai très tôt compris l'importance de bien se nourrir. Mon métier de mannequin n'est certainement pas étranger à cette prise de conscience : je devais garder la ligne tout en conservant mon énergie et ma bonne humeur, trio indispensable pour un shooting réussi.

Avec les années, comme pour toutes les femmes, mes besoins nutritionnels se sont modifiés : on ne se nourrit pas de la même façon à 20 ans qu'à 50, même si les bases d'une alimentation saine sont bien sûr valables de 7 à 97 ans. D'ailleurs, qu'est-ce qu'une alimentation saine, c'est-à-dire qui permet de vivre longtemps en bonne santé ? Comment l'adapter aux nouveaux besoins de notre corps qui change avec l'âge ? Quels sont les aliments amis ou ennemis ? En alimentation comme dans la vie en général, je fais confiance à mon instinct et aux valeurs qui me guident. Elles se résument en trois mots : nature, plaisir et curiosité.

Chapitre 1

Bien nourrir son corps

« Nous sommes ce que nous mangeons. »

Bien manger est indispensable pour vivre en bonne santé. Mais de nos jours, avec nos existences effrénées, il est de plus en plus difficile de se nourrir sainement, c'est-à-dire de façon équilibrée, diversifiée, fait maison, et idéalement bio. Nos rythmes de vie nous obligent souvent à sacrifier un repas ou deux par jour à des plats industriels ultratransformés, des en-cas trop gras et/ou trop salés, avalés sur le pouce entre deux réunions.

Or nous savons aujourd'hui à quel point nous sommes ce que nous mangeons et que, par la nourriture, nous pouvons agir sur notre santé et notre longévité. Les règles du bien-manger font appel à notre bon sens : entre se goinfrer de chips devant nos écrans et croquer dans une pomme, nous savons tous quelle option choisir, même s'il n'est pas toujours simple de résister aux tentations.

Il ne tient qu'à nous de mettre toutes les chances de notre côté pour tenir à l'écart certaines maladies ou du moins réduire les risques de les développer.

De même que nous sommes conscients que fumer est dangereux, nous savons désormais que manger trop gras, trop sucré, trop salé, trop peu de fruits et de légumes nous conduira à mettre en péril notre santé, que consommer trop de produits ultratransformés est aussi mauvais pour notre organisme. Alors rappelons-nous une règle simple quand nous faisons nos courses : prenons le temps de lire la composition de ce que nous achetons, en gardant toujours à l'esprit que moins il y a d'ingrédients, meilleur est le produit.

Le microbiote au cœur de notre santé

Depuis quelques années, la médecine s'est penchée sur l'étude d'un organe longtemps ignoré : notre tube digestif. Peu à peu, au fur et à mesure des recherches menées sur le sujet, nous avons pris conscience que notre intestin jouait un rôle essentiel dans le bon fonctionnement de notre corps, notamment grâce à notre microbiote intestinal ou flore intestinale.

Le microbiote est l'ensemble des microorganismes – bactéries, virus, parasites et champignons – qui vivent dans un environnement spécifique, en l'occurrence notre intestin. Dans notre organisme, il existe des microbiotes au niveau de la peau, de la bouche, du vagin, des poumons et du système digestif. Le microbiote intestinal est le plus « peuplé » d'entre eux : il abrite plus de 1 000 milliards de micro-organismes, dont la majorité sont des bactéries – il en existe plus de 160 espèces différentes dans un microbiote sain.

Cette flore intestinale joue un rôle au niveau digestif en agissant sur le bon fonctionnement du tube digestif lui-même, mais aussi métabolique – c'est grâce à elle que nous absorbons tous les nutriments nécessaires au bon fonctionnement de notre corps –, immunitaire – c'est elle qui assure la fonction de barrière immunitaire de notre paroi intestinale : avec un bon microbiote, rien de nocif ne peut passer dans notre organisme par nos intestins – et neurologique – n'oublions pas que l'intestin est appelé notre « deuxième cerveau ».

On comprend mieux que l'étude du microbiote intestinal soit devenue centrale pour la recherche médicale. Ces dernières années, elle a mis au jour que, en plus des maladies inflammatoires chroniques de l'intestin comme la maladie de Crohn et la rectocolite hémorragique, le microbiote intestinal entre en jeu dans l'apparition des maladies cardiovasculaires – les artères bouchées, l'hypertension, les AVC, le diabète ou l'obésité. Un microbiote en mauvaise santé est aussi considéré aujourd'hui comme un facteur favorisant l'apparition ou la progression de cancers : certaines bactéries seraient à l'origine de cancers gastriques, et un microbiote déséquilibré laisserait passer dans l'organisme des agents cancérogènes vers le côlon, l'estomac, l'œsophage, le pancréas... Enfin, une flore intestinale saine permet à notre corps de mieux répondre aux agressions extérieures en renforçant le système immunitaire.

Des données récentes suggèrent même qu'un mauvais microbiote pourrait entrer en jeu dans le développement de la maladie de Parkinson, dont la gravité des symptômes serait liée à la concentration d'une espèce bactérienne particulière (*Enterobacteriaceae*) dans le microbiote du malade, et du déclin cognitif de certaines personnes atteintes de la maladie d'Alzheimer. Il existerait aussi un lien avec la schizophrénie, l'anxiété, la dépression ou les troubles bipolaires et la composition de notre microbiote. Enfin, les hormones sexuelles comme la testostérone et les œstrogènes ont un impact sur la flore intestinale, notamment pendant et après la ménopause.

Il faut donc en prendre grand soin en adoptant une hygiène de vie saine et surtout une alimentation équilibrée. En effet, le microbiote intestinal se nourrit en puisant dans nos aliments (notamment parmi les fibres alimentaires). Nous devons manger le plus sainement possible afin que notre flore intestinale puisse faire son travail de protection et de prévention[1].

Manger au rythme des saisons

Dans mon deuxième livre[2], je vous dévoilais mes conseils nutritionnels pour profiter du temps qui passe avec sérénité : se nourrir au rythme des saisons, avec des produits naturels non transformés, en limitant les apports en sel, en sucre, en mauvais gras et dans le plus grand respect du monde animal et végétal. Dix ans ont passé, et mes conseils sont plus que jamais d'actualité : cuisiner des produits qui ne traversent pas la planète en avion, mais que l'on peut trouver chez des producteurs locaux, issus de l'agriculture biologique, prend encore plus de sens aujourd'hui. Notre planète se meurt de l'agriculture et de la pêche intensives, du manque d'eau, de la surproduction, de la façon dont les hommes la maltraitent. Il est primordial de se nourrir en conscience, en réduisant au maximum notre impact sur cette Terre,

1. Microbiote intestinal (flore intestinale). Inserm, *La science pour la santé*, https://inserm.fr/dossier/microbiote-intestinal-flore-intestinale.

2. *Orahe, ma méthode anti-âge*, Flammarion, 2016.

qui est unique et dont nous devons plus que jamais prendre soin, et ça commence par une alimentation à la fois responsable, raisonnée et de qualité. C'est notre rôle et notre responsabilité de consommateur citoyen.

Mettre ce conseil en pratique est simple : il s'agit de consommer des aliments qui sont récoltés pendant la saison en cours.

Commençons par le printemps. C'est la saison du renouveau, de l'énergie de vie (comme la sève monte dans les arbres). En médecine chinoise, c'est la saison du foie, organe primordial dans l'élimination des toxines et la production de certaines hormones dont le rôle est de nous garder en bonne santé. C'est aussi le moment où arrivent à maturité les fruits rouges comme les cerises, les fraises. Quant aux légumes, artichaut, asperge, aubergine, betterave, carotte, chou, concombre, courgette, endive, épinard, laitue, poireau, petits pois, radis se partagent la vedette, cuits, grillés au four ou en salade avec un filet d'huile.

Vient ensuite l'été. C'est l'explosion de couleurs et de saveurs : abricot, pêche, melon, raisin, mûre et groseille, figue… Mais aussi tomate, poivron, brocoli, céleri, fenouil, entre autres, auxquels s'ajoutent les fruits et légumes de printemps qui continuent de nous régaler. Côté santé, l'été est la saison du cœur, organe vital pour lequel j'ai toujours eu un intérêt particulier, et qui, avec l'âge, chez nous, les femmes, doit être au centre de toutes nos attentions[1].

Avant que s'installe l'automne, une saison intermédiaire s'intercale. Cette saison, qui est ma préférée, est appelée l'été indien. Il fait encore doux, la nature opère lentement sa transformation vers l'automne. Pour nous aussi, les humains, c'est le temps de la transformation, durant laquelle il est préconisé de s'occuper de son estomac et de sa rate en abandonnant progressivement les apéros un peu trop gras et un peu trop alcoolisés. Misons sur les nombreux fruits et légumes d'été encore présents sur les marchés. À consommer sans modération.

L'automne est là, et avec lui les premiers frimas. Nos poumons sont mis à rude épreuve par les premiers microbes. Prenons-en soin tout particulièrement à cette saison. Dans notre panier apparaissent les coings, les châtaignes, les choux de Bruxelles, les navets et le potiron.

Enfin, l'hiver pointe son nez, et avec lui l'envie de cocooner au coin de la cheminée. Profitons-en pour prendre soin de nos reins en nous hydratant correctement. Usons et abusons des nouveautés hivernales, comme le citron ou la clémentine riches en vitamine C, la mâche ou le topinambour,

---

1. Voir troisième partie, chapitre 6 : Préserver. Et *Vivre au rythme de son cœur*, Flammarion, 2019.

et continuons de nous régaler avec la betterave, le poireau, le navet, le céleri, la pomme et la poire.

Manger au rythme des saisons, ce n'est rien d'autre qu'une bonne dose de bon sens – retrouvons celui des générations précédentes –, une pincée d'imagination et une belle cuillerée de curiosité. En suivant la nature, on se nourrit en conscience et en variant les aliments, donc en évitant les carences, les excès et l'ennui, gage de bonne santé et de longévité.

Nos alliés nutrition

Qui dit une alimentation saine dit une alimentation variée. Mais tous les aliments ne se valent pas, notamment à certains moments de nos vies : c'est le cas après la ménopause. À cause de la diminution de l'œstrogène et de la progestérone, des modifications physiologiques apparaissent et fragilisent notre santé : nos os sont moins solides, notre masse musculaire accentue sa fonte, notre quotidien est contrarié par des bouffées de chaleur, notre mémoire nous joue des tours, notre cœur est plus fragile… Pour contrer ces effets, nous pouvons adopter de nouveaux réflexes et, en premier lieu, mettre l'accent sur certaines familles d'aliments déjà présents dans notre alimentation.

Pour cela, rien de plus simple : il faut suivre ce que j'ai appelé les « neuf commandements d'une alimentation équilibrée ».

Des protéines tu consommeras

Après 40 ans, il est conseillé d'augmenter son apport en protéines, le carburant de nos muscles, réparti sur toute la journée, pour limiter la fonte musculaire.

De quelles protéines s'agit-il ? Toute source de protéines est possible, qu'elle soit animale ou végétale : viande blanche ou rouge, volaille, poisson, œufs, produits laitiers, mais aussi amandes, tofu, lentilles, fèves, quinoa, pois chiche, asperges...

Vous le savez, je suis très proche de la nature, et j'ai toujours été très sensible à la cause animale ; c'est donc très naturellement que j'ai arrêté ma consommation de viande rouge et de produits laitiers, diminué le poisson et la viande blanche pour me tourner vers une alimentation plus végétale. Lorsque je suis interrogée sur mon régime alimentaire – ce qui arrive très souvent –, j'ai l'habitude de prendre l'exemple de mes grands-parents, qui vivaient dans la campagne normande : ils ne mangeaient pas de viande tous les jours ! En revanche, ils avaient une alimentation bien plus variée que la nôtre, locale et de saison. Bien sûr, les temps changent, et chacun est libre de choisir en fonction de ses goûts et de ses convictions, mais je reste convaincue qu'il faut impérativement réduire notre consommation de viande et de poisson. Favorisons donc les petits producteurs, et privilégions toujours la qualité à la quantité.

Des aliments riches en calcium tu privilégieras

Le risque d'ostéoporose – une maladie qui fragilise les os – s'accroît avec la ménopause et multiplie les risques de fractures. Pour aider notre organisme, privilégions les aliments sources de calcium : selon les experts, il faudrait en consommer entre 700 et 1 200 milligrammes par jour. On trouve du calcium dans les produits laitiers, les légumineuses, les fruits à coque, les produits céréaliers, certains légumes-feuilles (choux, blettes, épinards, etc.), les fruits de mer et certaines eaux.

Comme vous le savez maintenant, j'ai décidé d'arrêter de consommer des produits laitiers par conviction : je ne supporte plus de voir ces images de vaches enfermées dans des hangars, entassées les unes sur les autres, dans des conditions indignes. Il m'arrive encore de consommer du fromage, de chèvre ou de brebis, que j'achète chez les producteurs locaux sur les marchés, et jamais plus d'une fois par semaine.

Cependant, j'ai dû augmenter mon apport en calcium pour prévenir la perte de densité osseuse. J'ai donc misé sur le soja, les graines de pavot, de lin, de sésame ou de chia, les légumineuses (haricots blancs), les flocons d'avoine, le boulghour, les légumes verts (rhubarbe, pois mange-tout, bette, chou-kale, vert, frisé, chinois…), le tofu et les herbes aromatiques (thym, romarin, basilic, cerfeuil, sauge, menthe, persil, aneth…). J'ai aussi toujours beaucoup consommé d'algues, une importante source de calcium, que ce soit l'algue nori, la laitue de mer ou le wakame (en version déshydratée, plus pratique à conserver). Rendez-vous compte : pour 100 grammes, elles contiennent 1 500 à 4 000 mg, là où, en comparaison, 2 œufs contiennent 550 mg de calcium.

Du magnésium tu chercheras

Les aliments riches en magnésium (légumes, noix, graines, poisson…) sont les alliés des femmes ménopausées. Ce minéral nous aide à réguler notre humeur ou limiter notre irritabilité, mais aussi à diminuer notre fatigue, et à préserver notre santé cardiaque, musculaire et nerveuse, nos os et nos dents. Pour en faire le plein, privilégions les céréales complètes, les amandes, les graines de courge et de lin, les noix de cajou, le riz brun, les noix, les algues, les légumes verts, les fruits, les herbes et les épices... Pour faire simple, tous les aliments naturels, non transformés et riches en fibres contiennent des quantités importantes de magnésium. Enfin, certaines eaux minérales riches en magnésium peuvent aussi combler notre déficit. Mais nous savons depuis peu que les eaux en bouteille sont polluées par des nanoparticules de plastique[1]. Je ne peux donc que vous conseiller d'en boire avec parcimonie.

Des oméga 3 et 6 tu associeras

Les oméga 3, 6 et 9 correspondent au gras que nous mangeons.

Les oméga 3 sont ce qu'on appelle désormais le « bon gras », bénéfiques pour le système cardiaque, le cerveau, la vision... Ils sont aussi anti-inflammatoires. On les trouve dans l'huile de colza, l'huile de lin et les poissons gras (la truite fumée, le maquereau, la sardine...). Les oméga 6 sont quant à eux des acides gras que l'on retrouve dans l'huile de tournesol, l'huile de soja, mais aussi les viandes nourris au soja ou au maïs et les

1. Naixin Qian, Xin Gao, Xiaoqi Lang, et al., « Rapid single-particle chemical imaging of nanoplastics by SRS microscopy », PNAS, 2024, https://pnas.org.

produits gras transformés (comme les chips). Le corps ne produisant pas d'oméga 6, il est important d'en intégrer dans notre alimentation. Cependant, contrairement aux oméga 3, les oméga 6 sont inflammatoires.

Notre alimentation doit donc être riche en oméga 3 non inflammatoires et pauvre en oméga 6 inflammatoires. Or, en France, c'est souvent l'inverse, car nous mangeons trop de produits gras et ultra-transformés. C'est encore plus le cas après la ménopause : les oméga 3 agissent sur la sécheresse vaginale ou cutanée, les bouffées de chaleur, notre cœur, nos yeux (notamment en prévention de la dégénérescence maculaire liée à l'âge) et même nos cheveux. Enfin, la prise quotidienne d'oméga 3 permettrait de limiter le risque de développer la maladie d'Alzheimer.

Comment augmenter nos apports en oméga 3 ? En consommant du poisson gras au moins deux fois par semaine : sardine, maquereau, truite fumée, anchois, ou encore des huîtres, 1 cuillère à soupe par jour d'huile de colza ou de noix – en assaisonnement uniquement –, des fruits à coque : noix, noisettes, amandes…

Comment diminuer les apports en oméga 6 ? En limitant les fritures (frites, chips, beignets, poissons frits…), en maîtrisant sa consommation d'huile de cuisson, en bannissant les produits industriels et ultratransformés.

La vitamine C tu ajouteras

La vitamine C (ou acide ascorbique) stimule les défenses immunitaires, est antioxydante – elle lutte contre les radicaux libres, responsables du stress oxydatif – et participe à la formation du collagène, molécule produite naturellement par le corps qui aide la peau à conserver son élasticité. La ménopause provoquant parfois une déshydratation de la peau et une perte de souplesse, il est recommandé d'augmenter ses apports alimentaires en vitamine C. On en trouve dans les fruits comme la papaye, le kiwi, l'orange, la mangue, le pamplemousse, le citron, tous les fruits rouges, l'ananas, mais aussi le chou, le chou-fleur et les aromates (aneth, basilic, cerfeuil, ciboulette, coriandre, estragon, menthes, origan, persil, romarin, sauge, thym).

Du zinc tu abuseras

Aussi indispensable que le magnésium, cet oligo-élément joue un rôle majeur dans un grand nombre de réactions métaboliques : régulation de la température corporelle, fabrication des os et des muscles, immunité, production des hormones thyroïdiennes, neurotransmission… Il est aussi un régulateur hormonal, ce qui le rend intéressant pour nous quand les hormones diminuent lors de la ménopause. De plus, il aide à combattre les douleurs articulaires qui peuvent apparaître durant cette période. Faites donc régulièrement le plein de fruits de mer, de viande maigre, de coquillages ou de crustacés, de céréales complètes et d'avocat.

De la vitamine E...

Antioxydante, elle est primordiale pour la santé de la peau et du système cardiovasculaire, fragilisés avec l'arrêt de la production d'œstrogène et de progestérone. Donc on mise sur les avocats, les sardines à l'huile d'olive, les graines de sésame, la mangue et les poivrons.

De la vitamine B6...

Cette vitamine intervient sur les protéines pour libérer l'énergie indispensable au bon fonctionnement de notre organisme et sur notre système nerveux en participant à la production de dopamine, de sérotonine et d'adrénaline, les hormones responsables de notre humeur. Elle contribue aussi à lutter contre la fatigue, l'anxiété, la mémoire... Banane, riz complet et pois chiches en sont riches. Attention si vous en prenez sous forme de compléments alimentaires : associez-la avec du magnésium pour une efficacité optimale.

Et de la vitamine D tu absorberas

Depuis la fin de la crise du Covid, nous savons que nous sommes tous plus ou moins carencés en vitamine D et à quel point elle est importante dans le renforcement de nos défenses immunitaires. Nous nous sommes toutes et tous vu prescrire une ampoule de vitamine D pour compenser nos manques. Elle l'est encore plus à la ménopause, quand nos os se fragilisent : la vitamine D renforce l'absorption du calcium, indispensable pour lutter contre la perte en densité osseuse. Vous pouvez tout aussi bien utiliser de l'huile de foie de morue ; aucun aliment n'est plus efficace pour compléter ses apports en vitamine D. Personnellement, je mets un filet d'huile de foie de morue sur un avocado toast au pain intégral. Avec une pointe de vinaigre de cidre, c'est un délice…

Les compléments alimentaires naturels

La nature est magique : elle nous propose toujours une solution alternative à nos petits, voire nos grands « bobos ». Après 40 ans et les bouleversements hormonaux qui apparaissent, il est possible de trouver dans notre alimentation de quoi soulager certains maux. Par exemple, pour suppléer au manque d'œstrogène généré par la ménopause, nous pouvons avoir recours aux phyto-œstrogènes. Issus des plantes, ces molécules ont une structure identique à l'estradiol, une hormone sexuelle féminine. Elles ont le pouvoir de mimer l'action des œstrogènes et permettent par exemple la diminution des bouffées de chaleur et des sueurs.

Où trouve-t-on ces phyto-œstrogènes ? Dans le soja, sous le nom d'isoflavones. Dans le lin aussi, le sésame, le houblon : ce sont les lignanes ; et enfin dans le trèfle et la luzerne, appelés coumestanes. Ils sont disponibles sous forme de compléments alimentaires dans les pharmacies, parapharmacies et dans les magasins bios.

Avant de vous complémenter seules, je vous conseille de prendre rendez-vous chez votre médecin généraliste ou votre gynécologue pour faire le point avec lui sur votre état de santé. Il prescrira une prise de sang et un bilan pour savoir si vous êtes ménopausée. L'ANSES, l'Agence nationale de sécurité sanitaire de l'alimentation, reste quant à elle prudente sur les bienfaits avérés des phyto-œstrogènes, tout en continuant d'en faire l'objet de nombreuses études car des résultats positifs scientifiquement prouvés commencent à voir le jour.

Des aliments ont aussi chez certaines femmes fait la preuve de leurs vertus apaisantes. C'est le cas du fenugrec, inducteur d'œstrogène et de progestérone, pour lutter contre les bouffées de chaleur, de même que la grenade et son jus. Elles ne sont pas reconnues scientifiquement mais sont sans danger pour la santé, alors pourquoi ne pas essayer ?

Chapitre 2

Adapter son alimentation

Avec les années, même si j'ai une alimentation équilibrée, un mode de vie le plus sain possible, j'ai dû adapter ma façon de me nourrir au temps qui passe, pour conserver ma silhouette, mon énergie et ma santé.

Quand les kilos s'installent

Ne comptez pas sur moi pour vous délivrer les derniers secrets minceur. D'abord parce que je ne les connais pas et surtout parce que je suis contre le principe même de se priver de nourriture. Je suis bien trop gourmande ! Mes origines normandes, sans doute. De plus, j'ai eu la chance de commencer ma carrière de mannequin à une époque où les formes, les femmes plantureuses étaient « à la mode », et de n'avoir jamais été obligée de m'affamer pour travailler – j'en aurais été incapable...

En revanche, comme vous le savez, j'ai adopté très tôt une alimentation saine et équilibrée : beaucoup de fruits et de légumes, peu de viande, pas trop de sucre. Et j'adore cuisiner, donc je fais tout moi-même. La cuisine est une histoire de famille, comme je vous le disais. J'ai aussi eu l'immense privilège de me rendre, à chacune des vacances scolaires, en Guadeloupe, dès mon plus jeune âge. Ma mère, qui possédait son salon de coiffure, travaillait beaucoup. Sa meilleure amie vivait en Guadeloupe et tenait, avec son mari, un restaurant. « Maman Martine » m'accueillait à toutes les « petites vacances » pour mon plus grand bonheur.

De ces semaines caribéennes me viennent deux de mes grandes passions : l'océan et les épices. Toute petite déjà, j'ai pu me familiariser avec toutes sortes de saveurs : ail, cannelle, anis étoilé, colombo, curcuma, gingembre, muscade. Il y en a tant ! Encore aujourd'hui, je me damnerais pour un gratin de christophines ou un filet de poisson à la sauce chien. Or les épices sont un atout santé exceptionnel : elles permettent d'utiliser moins de sel, moins de graisse, car elles apportent du goût à nos plats. De plus, elles sont parfaitement digestes pour notre organisme, évitant les ballonnements et les douleurs abdominales.

Cuisiner est le meilleur moyen de conserver son poids de forme. Rien de pire que d'alterner excès et restriction : à force de jouer au yoyo avec ses kilos, ceux en trop finissent toujours par s'installer durablement. Mais il arrive parfois que, malgré une bonne alimentation et une activité sportive régulière, quelques kilos superflus fassent de la résistance. Que nos petits écarts, nos « craquages » sucrés ou salés, d'habitude sans conséquences, se paient cash, notamment au niveau de la ceinture abdominale... C'est le cas après 45, 50 ans.

D'ailleurs, ce n'est pas tant notre poids sur la balance qui nous pose un problème, mais notre silhouette. Vous l'avez sûrement constaté : ces kilos ne s'installent pas partout. La graisse disparaît du haut du corps, c'est-à-dire de notre cou, de l'arrière de nos bras, du long de nos côtes, pour aller se stocker sur le ventre et l'abdomen, et pas sur nos cuisses ni nos fesses.

Pourquoi prend-on du poids à la période de la ménopause ? Ces kilos superflus sont la conséquence de deux phénomènes physiologiques propres aux femmes : une augmentation des tissus graisseux et une baisse de la masse musculaire induite dues à la diminution des œstrogènes. Cette baisse de la production hormonale entraîne une distribution différente de la masse maigre et la masse grasse dans notre corps.

Mais le gain de poids après 45 ans n'est pas seulement d'origine hormonale. Au fil du temps, notre composition corporelle, c'est-à-dire le pourcentage de graisse, d'os et de masse musculaire dans notre corps, se modifie, c'est physiologique. Notre métabolisme de base est moins performant, et notre corps dépense moins d'énergie pour effectuer les fonctions vitales. Et puis, avec l'âge, on a parfois l'impression d'être moins souple, moins mobile, et il arrive qu'on pratique moins d'activité physique, donc qu'on dépense moins d'énergie.

Nous entrons aussi dans une nouvelle période de notre vie : pour certaines, les enfants ont quitté de la maison, la retraite professionnelle se profile, on s'interroge sur notre avenir et... souvent un carré ou deux de chocolat nous aident à nous remonter le moral. Nous augmentons alors notre apport alimentaire tout en diminuant notre activité physique.

Si ces quelques kilos nous dérangent, il existe des solutions pour les éliminer ou en limiter l'apparition. Je ne vous conseillerai jamais de vous priver ni de perdre le plaisir de manger. En revanche, nous pouvons adopter de nouvelles habitudes bénéfiques pour stabiliser la prise de poids.

J'ai une astuce qui fonctionne plutôt bien et que j'applique depuis plusieurs années déjà : je mâche plus longtemps. Mastiquer au moins vingt fois chaque bouchée favorise la satiété, c'est-à-dire le message que nous envoyons à notre cerveau pour lui signifier que nous avons suffisamment mangé.

L'autre excellente habitude à adopter, c'est aussi manger moins. Plus facile à dire qu'à faire, me direz-vous. Mais ça vaut le coup d'essayer : de ne plus se resservir, d'utiliser des assiettes plus petites... Autant d'astuces qui vous permettront de réduire les quantités.

Enfin, pensez à augmenter votre consommation de légumes, de protéines et de féculents à chaque repas. Pour ma part, j'ai depuis longtemps adopté le célèbre « régime méditerranéen ». Vous le connaissez sûrement : riche en légumes, en fruits de mer et en céréales complètes, il est bénéfique pour notre santé. Depuis quelques années, j'y ai ajouté plus de protéines végétales et de féculents pour pallier les manques.

Enfin, je compléterai cette « ordonnance bien-être alimentaire » par un dernier conseil : faites du sport ! La pratique régulière d'une activité physique vous permettra de conserver votre masse musculaire, voire de l'augmenter et de stabiliser votre poids. J'y reviendrai plus loin.

L'alimentation anti-inflammatoire

C'est une des grandes avancées de ces dernières années en nutrition : la communauté scientifique s'accorde aujourd'hui pour dire que l'alimentation est un des grands leviers de prévention en termes de santé. Ce que nous mangeons peut nous faire du bien comme nous faire du mal : on distingue ainsi l'alimentation saine, ou anti-inflammatoire, de l'alimentation malsaine, dite inflammatoire. On parle d'inflammation quand notre organisme réagit à une agression, qu'elle soit extérieure ou intérieure. Les aliments ont donc le pouvoir de favoriser l'apparition de maladies comme de nous aider à nous en préserver.

Adopter une alimentation anti-inflammatoire a de très nombreux bienfaits pour notre santé : en agissant sur la qualité de notre microbiote, elle permet de limiter les inflammations d'organes majeurs comme les intestins ou le cerveau, de retarder l'apparition de maladies chroniques (comme l'arthrite, Alzheimer...) et de maintenir un système immunitaire efficace. Comme elle est aussi antioxydante, elle joue un rôle dans le ralentissement du vieillissement en minimisant l'impact des radicaux libres et aide à vivre plus longtemps.

Tous les conseils que je vous ai donnés jusqu'à présent vont dans le sens d'une alimentation anti-inflammatoire : consommer des fruits et des légumes, limiter les apports en mauvais gras et en sucre, privilégier le régime méditerranéen et bannir au maximum les produits ultratransformés. Mais rien ne vous empêche de varier les plaisirs et les saveurs : j'ai découvert il y a peu de temps le riz complet GABA, dont l'indice glycémique est plus faible que dans le riz classique et qui est parfait pour remplacer les protéines animales, comme le tofu, le seitan, le tempeh, l'edamame, les haricots rouges et blancs… Comme j'ai aussi considérablement réduit ma consommation de sucre, mais que je continue de cuisiner des desserts, j'utilise désormais du sirop de dattes ou de la purée d'amandes bios.

Les bienfaits de la micronutrition

J'ai découvert cette discipline, la micronutrition, grâce à Véronique Mounier, micronutritionniste que je suis allée consulter sur les conseils de Sébastien De Ortoli, mon massothérapeute. J'étais fatiguée, mes cheveux manquaient de vitalité, ma digestion aussi. Il m'a tout de suite orientée vers Véronique.

J'ai vite compris pourquoi : comme lui, Véronique propose à chacune de ses patientes une approche très personnalisée. Elle travaille sur ce que les Anglo-Saxons appellent le *well aging*, le « bien vieillir » en français, par le biais de l'alimentation et de la micronutrition. Passionnée notamment de nutrition et de digestion, elle se définit comme une spécialiste en nutrithérapie, la science du « manger juste ». Cette formule me parle tant : il s'agit pour Véronique de présenter à chaque femme qui vient la consulter une alimentation sur mesure, suivant son histoire personnelle, son état de santé et ses antécédents médicaux, ses préférences alimentaires, son mode de vie aussi, afin de maîtriser son poids, pallier les troubles liées à la ménopause et mieux avancer en âge.

Le pilier de sa méthode est la prévention, en lien permanent et constant avec le corps médical – généraliste, gynécologue… –, en optimisant les terrains et en décelant puis corrigeant les carences. C'est pourquoi, lors de la première consultation, Véronique fait établir un bilan sanguin complet – fer, vitamine D, vitamine A, vitamine B6, B12, B9, sélénium… –, pour déterminer les éventuelles carences en nutriments qui pourraient expliquer le ou les symptômes que ressent la patiente (et les corriger à l'aide de compléments alimentaires judicieusement choisis), ou optimiser un terrain favorable si tout va bien.

Son credo en termes de nutrition : cuisiner des produits de qualité, c'est-à-dire le moins transformés possible, le plus bruts, en essayant de conserver au maximum les vitamines, les sels minéraux, les oligo-éléments, et les saveurs. C'est ainsi que, grâce à Véronique, j'ai découvert une nouvelle façon de cuire les aliments : un cuit-vapeur qui ne dépasse jamais 95° C, ce qui permet de garder vivants les éléments nutritifs des aliments, mais aussi d'éliminer les mauvaises graisses et les toxines qui tombent dans l'eau de cuisson.

Véronique m'a aidée à retrouver de la vitalité, à être moins gênée au niveau digestif en rééquilibrant mon microbiote, en prenant à bras-le-corps mes intolérances alimentaires et en me proposant une alimentation adaptée à mes problématiques comme à mes goûts. Comme moi, elle prône l'importance de la biodiversité de ce que nous mettons dans notre assiette, la saisonnalité et la traçabilité. Elle a aussi parfois malmené mes convictions : les résultats de mon bilan sanguin ont révélé une carence en fer, comme chez beaucoup de femmes de mon âge ; or le type de fer dont nous avons besoin n'est disponible que dans les protéines animales, notamment bovines, que je ne consomme plus par choix depuis longtemps maintenant. Je vous l'avoue, je n'ai pas encore fait machine arrière, et je crois que je n'y arriverai pas. Mais, au moins, j'ai toutes les cartes en mains.

En tant que micronutritionniste, Véronique intervient dans le processus de pré, péri et ménopause de nombreuses patientes, en proposant des solutions naturelles aux troubles qui accompagnent le déséquilibre hormonal inhérent à la ménopause. Elle admet que cette période est difficile à prendre en charge. Mais il est possible, en aménageant son alimentation, en se complémentant intelligemment, de pallier certains manques.

Par exemple, en cas de bouffées de chaleur, certaines plantes riches en phyto-œstrogènes peuvent être conseillées comme la sauge, le houblon ou le trèfle rouge. Attention, ils sont contre-indiqués en cas d'antécédents de cancers hormonodépendants et de mastose. Dans ce cas, on peut utiliser d'autres plantes comme l'actée à grappe noire. Toujours pour diminuer les bouffées de chaleur, on peut également proposer des oméga 3 et du griffonia, précurseur de la sérotonine qui agit aussi sur l'humeur et le sommeil. En parallèle, il est intéressant de favoriser une bonne détoxification des œstrogènes, ce qui implique un microbiote en bonne santé, un foie qui fonctionne de façon optimale et la consommation régulière de crucifères.

Elle prend enfin en charge, ou anticipe dès le début de la préménopause, la prise de poids quasi générale chez toutes les femmes (même les minces !). Puisque nous y serons toutes confrontées, autant s'y préparer au mieux en adaptant au plus tôt son alimentation.

Chapitre 3

S'hydrater

L'eau, c'est la vie !

Le corps humain d'un adulte est composé d'environ 60 % d'eau, soit plus de la moitié de notre constitution totale. Mais le détail est plus surprenant encore : la peau est constituée à 64 % d'eau, le cœur à 73 %, les reins à 79 %, les muscles, les poumons et le cerveau à 80 % !

Il est donc vital de s'hydrater tout au long de la journée.

Les recommandations en matière d'hydratation sont de 1,5 à 2 litres d'eau par jour pour un adulte, idéalement de l'eau à température, voire un peu tiède, mais jamais trop froide. Comment savoir si nous nous hydratons suffisamment ? Un médecin m'a un jour donné le conseil suivant : boire un verre d'eau toutes les deux heures du réveil au coucher permet une bonne hydratation. Récemment, j'ai trouvé ma propre méthode : j'ai acheté une gourde à graduation. Je vous explique : la mienne comporte des traits qui indiquent les heures, de 8 à 19 heures. Il s'agit de boire la quantité d'eau contenue entre chaque trait en une heure. Ludique, colorée, motivante et écoresponsable, elle me permet de m'hydrater régulièrement tout au long de la journée. Un dernier conseil : même si la mienne est en plastique Tritan sans BPA, je ne la laisse jamais au soleil pour éviter les éventuels transferts de microparticules.

Pas la peine d'ingurgiter des litres et des litres non plus : au-delà de 4 litres par jour, boire est néfaste pour notre santé, car nous allons trop souvent uriner et perdons des nutriments essentiels, comme le sodium.

Comment bien s'hydrater ?

Pour bien s'hydrater, il faut boire, idéalement de l'eau, de source, minérale ou du robinet, plate ou gazeuse, selon ses préférences. J'ai pris l'habitude de filtrer l'eau du robinet plutôt que d'acheter des bouteilles en plastique, dont on sait aujourd'hui qu'elles polluent l'eau qu'elles contiennent avec des microparticules de plastique. Filtrer son eau soi-même est facile et plusieurs options sont possibles : charbon, billes de céramique. Et installer un filtre vous coûtera moins cher que de l'eau en bouteille. Évitons absolument les energy drinks et autres boissons de réhydratation qui ne servent à rien et sont trop riches en sucre et en sodium. L'eau seule suffit.

Les boissons sucrées sont d'ailleurs à consommer avec modération, notamment les sodas. Je leur préfère les jus et smoothies faits maison, les bouillons de légumes et les soupes en hiver. Dans mon premier livre[1], je vous livrais mes recettes favorites. Dix ans plus tard, je continue de les consommer mais je les ai adaptées.

Je dois vous avouer quelque chose : je ne suis pas une grande fan de l'eau plate, je la préfère aromatisée. J'ajoute donc, hiver comme été, des tranches de citron, de concombre, de gingembre. Je bois aussi un peu de thé. Les vertus du thé vert ne sont plus à prouver : trois tasses par jour permettent de bénéficier de ses capacités antioxydantes. J'aime aussi beaucoup les tisanes, chaudes ou froides. Attention cependant : thé, café et tisanes ne vous hydrateront jamais autant que de l'eau.

Les tisanes peuvent cependant être très efficaces contre certains troubles liés à la ménopause. Une nouvelle preuve que la nature est une ressource inestimable quand il s'agit de prendre soin de soi. Si les bouffées de chaleur vous gâchent la vie, essayez la sauge en tisane, et si vos nuits sont perturbées, l'aubépine, la passiflore et la valériane vous aideront à retrouver un sommeil réparateur. Quant au jus d'aloe

1. *Orahe, la méthode Estelle Lefébure*, Flammarion, 2015.

vera, qu'on trouve dans les magasins mais aussi les grandes surfaces, il est à lui seul antibactérien, antiviral et antifongique, et calme les inflammations.

Mais les liquides ne sont pas les seules sources d'hydratation, on peut aussi « manger de l'eau » : choisissons des fruits et légumes gorgés d'eau si on ne boit pas assez, comme la pastèque (93 % d'eau), les fraises (92 %), les pamplemousses (92 %), le melon (90 %), la pêche, le concombre (96 %), la laitue, les courgettes, le radis ou le céleri (95 %) suivant les saisons.

Focus : ménopause et infections urinaires

Avec la ménopause, la vessie des femmes est fragilisée par la baisse de la production d'œstrogènes, qui, en diminuant, ne jouent plus leur rôle de protection de la flore vaginale. Pour limiter l'impact de la disparition des œstrogènes, voici quelques conseils :

– boire : s'hydrater et faire fonctionner sa vessie sont le meilleur rempart aux infections ;
– ne pas se retenir trop longtemps si l'envie d'uriner arrive ;
– s'essuyer de l'avant vers l'arrière et non l'inverse, pour éviter la contamination bactérienne ;
– ne jamais porter de protège-slip, qui augmente le risque de développement des infections.

S'hydrater pour rester en bonne santé

L'eau est essentielle pour le bon fonctionnement de notre organisme. En effet, boire de l'eau aide à éliminer les toxines et à améliorer la circulation sanguine. Une bonne hydratation permet aussi de lubrifier les articulations et à prévenir des douleurs comme celles de l'arthrose. Elle régule la température corporelle ; facilite la digestion et la prévention de la constipation ; donne à la peau un aspect frais et lumineux. Boire de l'eau peut aussi aider à réduire le stress, surtout si elle est riche en magnésium.

C'est aussi un excellent carburant pour le cerveau – fait à 80 % d'eau, je vous le rappelle. Le cerveau se déshydrate très vite : lorsque nous sommes déshydratés, on a mal au crâne, on se sent fatigué, on perd en rapidité et en vivacité intellectuelles. Boire un verre d'eau est la première chose à faire le matin – une habitude bien connue des Indiens par exemple. Vous réveillerez ainsi votre cerveau qui pourra fonctionner dans les meilleures conditions, et boire 1,5 à 2 litres par jour permet de booster les performances de son cerveau de 30 %.

Plus on vieillit, plus on a besoin d'eau, d'autant plus que l'âge altère la soif – les scientifiques cherchent d'ailleurs encore la cause de ce phénomène. Les personnes âgées sont ainsi plus vulnérables à la déshydratation, qui peut entraîner des conséquences dramatiques à court comme à long terme : en effet, d'après les scientifiques, le manque d'hydratation serait à l'origine de dérèglements cognitifs sévères, comme la maladie d'Alzheimer.

Pensons aussi à éviter les boissons oxydantes comme l'alcool, qui déshydrate la peau, le corps et le cerveau, accélérant leur vieillissement, mais aussi les intestins, perturbant le microbiote. Les sodas, encore eux, sont aussi à consommer avec une grande modération, car, bourrés de sucre, ils augmentent le taux de glucose et l'inflammation de notre organisme. Or l'inflammation est une des causes primaires du vieillissement. Et ne vous rabattez pas sur les sodas light, pire encore pour la santé que les sodas normaux, on le sait aujourd'hui. Enfin, limitez votre consommation de café : comme il est diurétique, il a un effet déshydratant, surtout pour la peau. Si vous êtes accro, il faut compenser avec beaucoup d'eau. Mais l'idéal est de modérer sa consommation : la caféine augmente d'un coup notre énergie, qui, une fois l'effet booster passé, retombe aussi sec, et l'hormone du stress, le cortisol, fait le yoyo. Or le cortisol est un puissant oxydant néfaste pour notre organisme. Moins le cerveau en sécrète, plus nous restons en bonne santé longtemps.

Pour celles et ceux qui voudraient arrêter le café, voici quelques substituts que j'ai pu tester et approuver. J'ai découvert un champignon, le chaga, qui, sous forme de gélules ou en poudre diluée dans de l'eau, permet de conserver son énergie sans augmenter le cortisol, de soutenir le système immunitaire et d'embellir la peau. Le sobacha, « thé de sarrasin » en français, est très populaire au Japon : ce sont des graines de sarrasin torréfiées que l'on fait infuser quelques minutes dans de l'eau bouillante. Avec son goût de noisette, le sobacha est énergisant mais sans théine ni caféine, et plus antioxydant que le thé vert. Enfin, vous pouvez remplacer votre café du matin par de la poudre de noyaux de datte : cette boisson a le même goût que le café. Elle est en plus riche en fer, en zinc et magnésium, elle booste l'énergie, protège du mauvais cholestérol et régule la glycémie. Et si vous aimez sucrer vos boissons chaudes, essayez l'alulose, un sucre rare qui existe naturellement dans le blé, le raisin et les figues, et qui possède l'énorme avantage d'avoir un effet minimal sur l'insuline et la glycémie. C'est donc un substitut idéal pour les personnes cherchant à mieux contrôler cette dernière.

Deuxième partie

PRENDRE SOIN DE SOI

Pour moi, prendre soin de soi est vital. Dès mon premier livre, *Orahe, la méthode Estelle Lefébure*[1], que j'ai publié après la naissance de mon fils, j'ai souhaité partager avec vous ma façon d'entretenir mon corps et mon esprit. Avec le temps qui passe, il est encore plus important de s'occuper de cette enveloppe formidable mais extrêmement complexe pour qu'elle nous emmène le plus loin possible.

Le corps est comme une maison : la vôtre, celle où vous vivez. Vous l'aimez, vous vous y sentez en sécurité, mais pour qu'elle reste en bon état et qu'elle dure longtemps, vous devez vous en occuper, sinon elle s'écroulera. Eh bien votre corps, c'est la même chose.

Nous avons deux âges : l'âge chronologique (celui généré par notre date de naissance) et l'âge

1. *Op. cit.*

biologique (celui donné par notre état de santé cellulaire). Si nous n'avons pas la possibilité d'agir sur le premier, en revanche, nous pouvons agir sur le deuxième en adoptant une hygiène de vie équilibrée basée sur trois piliers : être, manger, bouger.

Prendre soin de soi, c'est d'abord bien manger et s'hydrater, mais aussi bien dormir, bouger, et préserver son cerveau et son cœur. Avec le temps, certains de nos besoins évoluent. À nous d'adapter notre alimentation, notre activité physique et nos rituels santé. Rien n'est impossible, et il n'est jamais trop tard pour commencer.

Chapitre 4

Dormir

« Notre bien-être futur
dépend de notre sommeil. »

Lisa Mosconi

Si j'ai un combat à mener aujourd'hui, c'est le sommeil.

Avec l'âge, la qualité et la durée de mon sommeil se sont détériorées. Pourtant, jusqu'à récemment, j'étais capable de dormir n'importe où. Un vrai marin ! Cette capacité à m'endormir partout a d'ailleurs été un véritable atout dans mon métier de mannequin. Je voyageais beaucoup, j'étais toujours entre deux avions, deux continents, et j'avais la chance de m'endormir dès les premières minutes du vol – parfois avant même que l'avion ait décollé ! Je pouvais aussi m'assoupir en attendant les prises de vues ou quand on me coiffait…

Aujourd'hui, j'ai de plus en plus souvent du mal à m'endormir dans mon lit… Or un sommeil réparateur est une des clés pour rester longtemps en bonne santé, physique comme mentale.

Le sommeil et ses troubles

Nous n'avons pas toutes et tous les mêmes problèmes avec le sommeil. Parfois, ils pourrissent nos nuits depuis toujours, parfois les difficultés apparaissent avec l'âge. Certains se réveillent trop tôt, d'autres mettent des heures à s'endormir, d'autres s'endorment sans souci mais se réveillent en cours de nuit et ne trouvent plus le sommeil, d'autres enfin cumulent les trois. Sans compter les insomniaques, les vrais, ceux qui combinent des problèmes de sommeil (endormissement ou réveils nocturnes) et un inconfort durant la journée (dysfonctionnement social, familial et professionnel).

Or, au-delà de la sensation de fatigue tenace qui nous empêche de passer de bonnes journées, un bon sommeil est fondamental pour notre santé physique et mentale, et prendre ces problèmes à la légère la mettrait en péril. Le manque de sommeil entraîne des troubles de l'humeur – nous devenons irritables, émotionnellement fragiles –, des difficultés à fixer son attention, des fourmillements dans les mains, les pieds et augmente notre sensibilité à la douleur. Il se traduit aussi parfois par des troubles visuels (picotements oculaires, flous visuels…), des troubles de la pensée – nous sommes plus influençables et moins vigilants –, des troubles de la mémoire… Des études récentes ont aussi montré un lien entre la durée du sommeil de l'enfant et l'obésité[1] : la privation de sommeil (moins de 5 heures) est responsable d'une altération du métabolisme glucidique : diminution de la leptine et augmentation de la ghréline, hormones régulatrices de l'appétit. En termes de vigilance, 1 heure de sommeil en moins seulement vous met dans le même état au volant que deux verres d'alcool.

La privation de sommeil a également des conséquences sur notre système immunitaire : notre organisme devient plus sensible aux infections et aux cancers hormonodépendants, comme ceux du sein et de la prostate, car le sommeil régénère les cellules, les fabrique, et le manque de sommeil les détruit. Elle a aussi de sévères répercussions sur notre cerveau : le sommeil permet le « nettoyage » neuronal de certaines zones cérébrales, en éliminant les substances amyloïdes et les protéines tau impliquées dans les maladies comme Alzheimer.

Si je ne devais vous donner qu'un exemple de l'importance du sommeil, je prendrais celui-ci :

1. *Wisconsin Sleep Cohort Study*, travaux du groupe de Chicago, dirigé par Eve Van Cauter.

une étude[1] a montré que le taux de maladies cardiaques et d'accidents vasculaires cérébraux augmentait de 24 % dans les quarante-huit heures qui suivent le passage à l'heure d'été, c'est-à-dire après une nuit où nous dormons tous une heure de moins. Une seule heure de sommeil durant une seule nuit a un impact sur notre santé, car elle est perdue à jamais.

Les bienfaits d'un sommeil réparateur

On le comprend, nous ne pouvons pas vivre sans dormir ; nous dormons d'ailleurs près d'un tiers de notre vie. Le sommeil est le moment où notre organisme se régénère. Il permet d'abord de récupérer de la fatigue physique et mentale. Le simple fait de dormir est bénéfique : quand nous dormons notre température corporelle diminue, et nous limitons ainsi nos dépenses énergétiques. Le sommeil permet aussi une meilleure synthèse des protéines et l'augmentation des divisions cellulaires, et une meilleure sécrétion de certaines hormones comme l'hormone de croissance, qui joue un rôle dans notre système immunitaire. Enfin, le sommeil est capital pour notre cerveau : il est nécessaire à sa maturation, au

1. Étude menée par l'American Heart Association et publiée le 1er mars 2024.

bon fonctionnement du système nerveux central, à la consolidation de la connectivité neuronale, et empêche ainsi son vieillissement prématuré. Il intervient dans le processus de mémorisation, du traitement de l'information et dans l'apprentissage de tâches nouvelles, permettant à notre mémoire d'être renforcée quand on la stimule, et il facilite « l'oubli » en éliminant les interactions indésirables dans les réseaux neuronaux.

Mais qu'est-ce qu'un sommeil de qualité ? De façon statistique, une bonne nuit de sommeil se définit par un délai d'endormissement de 20 à 30 minutes, un temps de sommeil entre 6 à 9 heures (selon les besoins de chacun) et des réveils nocturnes inférieurs à 20 minutes (donc oui, on peut se réveiller la nuit et pour autant passer une bonne nuit). Personnellement, j'ai le sentiment d'avoir bien dormi quand je n'ai pas envie de me recoucher une fois que j'ai déposé mon fils à l'école, ce qui pouvait m'arriver parfois. Après une bonne nuit de sommeil, le cerveau doit se réveiller seul et passer en douceur du sommeil à la veille, deux états chimiques opposés.

Âge et sommeil ne sont pas bons camarades

C'est scientifiquement prouvé : notre sommeil change avec l'âge. Il devient plus léger, le déroulement de la nuit se modifie, même si la durée varie peu. Le changement du rythme de vie et des repères sociaux au fur et à mesure des années, notamment quand sonne l'heure de la retraite, les douleurs, la prise de médicaments, l'anxiété et les modifications physiologiques (chez les hommes mais surtout chez les femmes avec la ménopause) sont autant de causes possibles. Il faut pourtant attendre l'âge moyen de 65 ans pour constater de vrais changements structuraux du sommeil, avec une répartition différente du besoin de sommeil sur vingt-quatre heures, une diminution du temps de sommeil la nuit, une augmentation du temps de sommeil léger et une réduction du temps de sommeil lent, profond et paradoxal, une augmentation du délai d'endormissement, des réveils nocturnes plus ou moins longs, un endormissement plus tôt et un réveil précoce, et un besoin d'une sieste en milieu de journée.

Il n'empêche que nous sommes nombreuses à constater dès l'âge de 45 ou 50 ans que les nuits des femmes se compliquent. La raison est simple : sommeil et ménopause ne font pas bon ménage.

Sommeil et ménopause, duo parfois infernal

Selon une étude, 61 % des femmes ménopausées souffrent de troubles du sommeil. Je trouve ce chiffre faramineux, mais en discutant avec les femmes autour de moi, il ne me surprend pas. Personnellement, je me suis rendu compte que j'avais envie de dormir plus tôt qu'avant, mais je ne me couche jamais aux premiers signes de fatigue, j'ai toujours quelque chose à terminer… Et je me retrouve à m'endormir deux heures plus tard.

La ménopause entre aussi en compte dans les troubles du sommeil car elle signifie l'arrêt de la production d'œstrogène et de progestérone. Or ces hormones ont un impact sur le cycle de sommeil en contrôlant la production de mélatonine, l'hormone qui aide à réguler le sommeil.

Trois substances importantes interagissent et jouent un rôle essentiel dans la régulation du sommeil et de l'humeur : l'œstrogène, la sérotonine et la mélatonine. La sérotonine est un neurotransmetteur qui entre en jeu dans les processus de l'humeur, de l'appétit, du sommeil et de nombreuses autres fonctions corporelles. La mélatonine est une hormone produite par la glande pinéale, située dans le cerveau. Elle joue un rôle clé dans la régulation du cycle veille-sommeil.

Dans ce processus, l'œstrogène intervient à double titre : elle peut influencer la production et l'activité de la sérotonine et de la mélatonine dans le cerveau. Sa disparition entraîne une baisse de la production de sérotonine, responsable de dépression, d'anxiété et de troubles du sommeil.

Elle perturbe aussi la production de mélatonine, entraînant des problèmes d'insomnie ou d'autres troubles du sommeil.

Mais les modifications hormonales ne sont pas seules en cause. Entre les bouffées de chaleur, l'apnée du sommeil dont il est prouvé qu'elle peut apparaître à la ménopause, les douleurs musculo-squelettiques, la perturbation de l'horloge interne et l'anxiété, voire la dépression, les facteurs de détérioration du sommeil ne manquent pas.

Quelles sont les solutions ? Les clés d'un sommeil réparateur

Heureusement, il existe des solutions pour améliorer la qualité de notre sommeil. Il est tout à fait possible de reprogrammer son cerveau à dormir : en moyenne, le corps humain a besoin d'une semaine pour s'adapter à un nouveau rythme de sommeil. Ça vaut le coup d'essayer.

Reprogrammer son sommeil

Le principe est le suivant : mettre en place une routine, comme pour les enfants, pour réhabituer son cerveau à associer chambre à coucher et lit avec sommeil, et réunir les conditions d'une nuit réparatrice.

Ces nouvelles habitudes passent d'abord par des heures de lever et de coucher fixes, semaine comme week-end. Le corps aime se reposer sur un rythme en termes de sommeil. Ce sera peut-être un peu contraignant au début – surtout le week-end... J'ai moi-même eu quelques difficultés à appliquer cette règle de base : je suis très souvent sollicitée pour assister à des événements qui se terminent parfois tard dans la nuit, et quand je suis sur les planches ou en tournage, se coucher à heure fixe est vraiment compliqué. J'ai donc dû apprendre à me discipliner. Et puis j'ai aussi assoupli un peu la règle... Bref, j'ai fini par trouver mon rythme.

De même, pas question d'essayer de rattraper les heures perdues la nuit en faisant de longues siestes dans la journée. Même s'il est tentant de se laisser aller à deux, voire trois heures de sieste le dimanche, au-delà de trente minutes, elle nous empêchera de bien dormir la nuit suivante.

Misez sur le tryptophane et la mélatonine

La nourriture joue un rôle primordial dans notre sommeil. De nombreux aliments contiennent une substance appelée tryptophane, un acide aminé qui intervient dans la synthèse de la sérotonine, de la mélatonine et de la vitamine B. C'est le cas du riz complet GABA, des produits laitiers, des protéines de soja, des œufs, du poisson, des coquillages, des algues, des brocolis, du chou frisé, des épinards, des légumineuses, du chocolat noir 80 %, de la banane, des prunes, des amandes, des pistaches, du raisin, des fraises, des cerises (suivant les saisons), des noisettes sauvages et des noix de cajou, entre autres. De quoi créer des plats sains et gourmands bénéfiques pour notre sommeil.

Il est aussi conseillé de ne pas aller se coucher immédiatement après avoir dîné : le corps, pour s'endormir, demande une température relativement basse et la digestion fait augmenter notre température corporelle. C'est pour cette raison qu'il est recommandé de dîner léger et tôt, ce qui me va plutôt bien.

Bannir les substances excitantes comme le café, le thé, l'alcool ou le tabac quatre heures avant l'heure de coucher fait partie des habitudes que j'ai prises depuis longtemps : je ne fume pas, je bois très peu et j'ai réussi à remplacer le thé par des tisanes en fin de journée. Certains aliments empêchent de dormir : c'est le cas des plats épicés ou trop gras, des légumineuses pour celles d'entre nous sensibles aux gaz qu'elles produisent dans nos intestins par exemple.

Bannir les écrans

Vient ensuite la question des écrans… Vaste sujet. Nous savons aujourd'hui à quel point les écrans sont les ennemis de notre sommeil, et plus encore à l'heure des réseaux sociaux. J'avoue m'être moi-même souvent surprise à scroller durant presque une heure alors que j'étais déjà couchée… Bannir les écrans avant de dormir n'est pas une habitude facile à prendre ; elle demande de la discipline, comme l'exercice physique, et met donc du temps à s'installer.

Ne plus traîner

J'ai aussi la (très) mauvaise habitude de traîner, sans vraiment faire attention à mes bâillements ou si j'ai les yeux qui piquent. Or on ne laisse pas passer « le train du sommeil ». Lorsque les premiers signes de fatigue se manifestent, il faut se mettre au lit, dans une chambre préalablement aérée, dont la température ne dépasse pas les 20 degrés, dans le silence. Une fois bien installée dans mon lit, j'ai pris l'habitude d'enchaîner quelques respirations profondes pour faire le vide et évacuer les tensions de la journée, tout en écoutant mon Ocean Box – un cadeau de ma fille –, qui diffuse les bruits du bord de mer.

Se relever

Si, après 30 minutes, je ne dors toujours pas, je n'hésite plus aujourd'hui à me relever. Insister en tournant sous la couette ne calmait en aucun cas mes ruminations. Bien au contraire. Je bois quelques gorgées d'eau ou je reprends mon livre jusqu'à ce que le sommeil me fasse de nouveau signe.

Sanctuariser son lit

Notre lit ne doit pas nous servir à manger ou à travailler. Sanctuariser son espace de sommeil aide à mieux s'endormir, car il envoie à notre cerveau le message suivant : dans son lit, on dort.

Réduire son stress

Les femmes ont un plus mauvais sommeil que les hommes : elles sont plus de problèmes pour s'endormir et à rester endormies. Pourquoi ? Parce que nous nous sommes occupées de nos enfants la nuit et que nous sommes en mode « veille permanente », un état qui génère du stress. Ces dérangements chroniques de notre sommeil entraînent un manque, un problème bien plus important qu'on ne le pense, comme nous venons de le voir.

Pour améliorer notre sommeil, nous devons donc réduire notre stress. Pour cela, le maître mot est : temps. On peut alors être tenté de prendre des somnifères ; or prendre des médicaments pour dormir camoufle les causes, nous empêche d'identifier les raisons de notre mauvais sommeil et ne règle pas les vrais problèmes, nous donnant l'illusion de bien dormir. Si vous suivez tous les conseils que je viens de vous confier, votre sommeil s'améliorera peu à peu. Les changements n'arriveront pas en claquant des doigts, il faudra produire des efforts, tenir bon. Les résultats prendront du temps, c'est vrai ; mais ils valent la peine.

Faire de l'activité physique

Moi qui pratiquais le polo le soir, j'essaie désormais de réguler mes horaires. En revanche, avant le coucher, j'essaie de mettre en place une routine de respiration et d'étirements pour faire baisser mon niveau de stress, grand ennemi de mes nuits.

Améliorer son sommeil pendant la ménopause

Vous l'aurez compris, il n'y a pas que les années qui perturbent notre sommeil à nous, les femmes. Il y a aussi les bouleversements hormonaux engendrés par la ménopause et les symptômes qui en découlent : bouffées de chaleur et suées nocturnes, anxiété, dépression, troubles urinaires, douleurs articulaires... La solution la plus efficace est de pallier la chute des œstrogènes, de façon allopathique ou naturelle. J'évoquerai plus loin les traitements hormonaux de substitution, ou THS ; il existe aussi de nombreux substituts naturels à tester. J'ai aussi pu récolter au fil de mes recherches quelques astuces pour rendre nos nuits plus confortables.

Mieux dormir grâce aux plantes

La nature regorge de solutions pour lutter contre les troubles du sommeil de manière naturelle. La valériane, connue pour avoir des propriétés sédatives, est l'une des plantes les plus populaires pour traiter l'insomnie. La passiflore est également utilisée pour aider à calmer l'esprit et à réduire l'anxiété, mais aussi la camomille, la mélisse, le tilleul et la lavande dont les propriétés relaxantes et apaisantes qui favorisent le sommeil et l'endormissement.

Certaines plantes luttent quant à elles contre les bouffées de chaleur et sueurs nocturnes. C'est le cas du houblon, de la sauge officinale et de la sauge sclarée, à consommer sous forme de tisane, et de la maca, une plante péruvienne reconnue pour ses vertus bénéfiques sur les bouffées de chaleur.

Anticiper les bouffées de chaleur

En plus des plantes reconnues pour leur efficacité, on peut, pour minimiser les coups de chaud nocturnes, porter des vêtements légers, en coton, ou même dormir nue, dans une pièce plus fraîche que d'habitude. Boire beaucoup d'eau tout au long de la journée est aussi une astuce efficace.

Se relaxer

J'ai eu la possibilité de prendre très tôt un traitement hormonal de substitution (THS), parfaitement adapté à mes antécédents médicaux et à ma situation. Je n'ai donc pas souffert longtemps des désagréments que j'ai énumérés plus haut. En revanche, côté stress… Peut mieux faire ! Pour me détendre, je n'ai rien trouvé de mieux que de mettre les mains dans la terre, passer du temps avec mes animaux, mes chiens, ma jument, tout au long de la journée. En fin de matinée ou en fin d'après-midi, je m'accorde des pauses pour ne pas accumuler le stress.

J'aime également mes séances du soir avec Céline Roy[1]. Mon corps est plus relaxé, et mon esprit aussi.

Et le soir, je regarde le ciel. J'ai la chance de ne pas vivre en ville, j'ai donc souvent un ciel étoilé au-dessus de moi. Regarder le ciel me rend humble. Je prends conscience que je suis une petite boule d'énergie dans l'univers, que je participe à un grand tout qui me dépasse. Et ces pensées m'apaisent.

---

1. *30 jours pour aimer son ventre*, Flammarion, 2024.

Chapitre 5

Bouger

Bouger fait partie de mon équilibre : si je ne marche pas au moins une heure par jour, je me sens mal... Même les jours de pluie, de neige ou de grand froid, je sors. C'est mon choix : comme j'ai la chance de ne plus vivre en centre-ville, je profite de la proximité de la nature pour m'aérer le corps et l'esprit.

J'aime toutes les façons de mettre mon corps en mouvement : je pratique aussi bien la balade en forêt avec mes chiens que le tennis, le yoga que le paddle – et parfois le yoga sur le paddle –, le snowboard que l'équitation, le vélo que les étirements... Dès que possible, je me déplace à pied et je prends l'escalier plutôt que l'ascenseur.

Chaque instant passé à pratiquer une activité me procure énergie et bien-être. Bouger me permet non seulement de rester en forme physiquement mais aussi de maintenir mon attention « ici et maintenant », de lâcher prise, de calmer mon esprit. Car, pour bien bouger, il faut bien respirer. L'un ne va pas sans l'autre.

Cependant, avec l'âge, j'ai modifié mes habitudes dans ce domaine comme dans de nombreux autres : adapter sa pratique physique et sportive est essentiel pour pouvoir profiter pleinement sans se blesser.

Tomboy

Mon père, qui avait déjà deux filles d'un premier lit, voulait plus que tout avoir un garçon. Et… je suis arrivée. Le fait que je sois une fille n'a eu aucune incidence sur son comportement avec moi. Il m'a porté tout au long de ma vie, et jusqu'à son décès, un amour inconditionnel. Sauf sur un point : il m'a élevée « comme un garçon ». Pour mon plus grand plaisir : il me prenait sur ses genoux et me faisait conduire au choix sa voiture ou un tracteur alors que mes pieds touchaient à peine les pédales – c'est à lui que je dois ma passion pour le rallye automobile. Il m'a appris à manier les outils de jardinage dits dangereux. Il m'a même offert à l'âge de 14 ans, au grand désespoir de ma mère, une moto, une Suzuki ER 21. Pas une mobylette, une moto, une vraie. Je me suis sentie très tôt proche du comportement des garçons. Il m'a surtout fait comprendre que ce n'était pas parce que j'étais une fille que certains domaines m'étaient interdits. Au contraire : il m'a toujours dit que si je le voulais, je le pouvais. Merci, papa.

J'ai donc été, durant toute mon enfance, un peu « garçon manqué ». Je préfère d'ailleurs l'expression anglaise *tomboy*, que je trouve plus jolie. J'étais le genre de gamine toujours en pantalon ou en vêtements confortables, qui courait partout, allait partout à vélo, grimpait aux arbres, traversait les rivières à pied. Tous les week-ends, avec mon cousin Ludovic, celui que j'ai toujours considéré comme mon « petit frère », nous passions des après-midi entiers à construire des cabanes et à jouer aux explorateurs. J'ai gardé de cette période un goût immodéré pour la nature, la découverte et l'activité physique.

Enfant, je faisais déjà beaucoup de sport. J'ai découvert l'équitation très tôt, et cette passion pour les chevaux ne m'a jamais quittée. Je monte aussi souvent que je peux ma jument qui a déjà 15 ans. Je ne peux pas vivre sans. J'ai aussi commencé à jouer très tôt au tennis. Vers l'âge de 12 ans, j'ai même été sélectionnée pour participer aux stages d'entraînement de Pierre Barthès.

J'ai beaucoup pratiqué la natation et la danse. Deux sports très différents, mais j'adorais les deux. Je nageais en compétition au Club des Vikings à Rouen, qui a vu naître de grands champions comme Stéphan Caron. Vers l'âge de 11, 12 ans, avec les copines, on venait plus tôt pour regarder les garçons de l'équipe de hockey qui s'entraînaient, eux, à la patinoire juste au-dessus de la piscine… L'eau est mon élément. Je pouvais passer des heures à nager. Et, au fur et à mesure des années, j'ai développé ce qu'on appelle un « corps de nageuse ». Et c'est là que les soucis ont commencé. Je pratiquais aussi la danse, classique et moderne. Un jour, ma professeure de danse, une ancienne danseuse russe très « vieille école », très stricte, qui venait se faire coiffer au salon de ma mère, lui a expliqué avec son accent slave à couper au couteau qu'il fallait que je choisisse entre danse et natation. Les deux physiques n'étaient pas tout à fait compatibles… J'ai donc arrêté la danse et poursuivi la natation.

Les années sport

Une fois adulte, j'ai continué à monter à cheval partout où je me trouvais. Puis, en 1986, lorsque ma carrière a démarré, je suis partie m'installer aux États-Unis, où je suis restée jusqu'en 2001. C'est là que j'ai découvert le yoga. Les États-Unis étaient précurseurs dans la démocratisation de cette pratique venue d'Inde, jusqu'alors réservée aux yogis et aux initiés, qui m'a tout de suite plu.

Au milieu des années 80, la grande tendance était au fitness, que j'ai pratiqué à haute dose : tenues fluo, justaucorps échancré au-dessus des hanches, les Américaines passaient des heures à transpirer en musique dans des salles de sport surchauffées. J'ai aussi continué à jouer au tennis. Le sport faisait partie de mon hygiène de vie pour mon travail.

Après la naissance de mon fils, j'ai éprouvé le besoin de revenir à l'essentiel, de me recentrer. Je souhaitais retrouver une certaine quiétude après les chamboulements de cette troisième grossesse tardive. J'ai donc commencé à pratique le yoga sur une planche, le paddle. Comme j'habitais près de la mer, cette activité s'est imposée d'elle-même. J'ai même passé mon BIF, mon brevet d'instruction fédéral, afin de pouvoir enseigner le paddle. Ce sport, qui me reconnectait avec mon esprit, m'a permis de retrouver cette harmonie indispensable avec l'eau, qui me nourrit et me donne de l'énergie au quotidien. Comme je l'expliquais dans mon premier livre[1], l'intérêt de la planche de paddle est d'abord d'ajouter une dimension d'équilibre afin d'apporter une présence au corps : comme la planche crée un certain déséquilibre, rechercher la stabilité permet de faire travailler la quasi-totalité des muscles de son corps. De plus,

1. *Op. cit.*

pratiquer le yoga sur l'eau, c'est travailler sur sa propre énergie au cœur de la nature. Le yoga nous place alors au moment présent, seul face à nous-même.

J'applique d'ailleurs cette philosophie aux autres sports que je pratique : l'équitation, la marche rapide, le fitness et la plongée. Je reviendrai plus loin sur ce sport devenu pour moi plus qu'une passion, un style de vie.

Moins d'intensité mais plus de fréquence

Aujourd'hui, les années passant, mon état d'esprit est toujours le même mais mon corps a évolué : si j'ai la chance d'avoir conservé une certaine souplesse, je sens que mes articulations sont plus fragiles, mes muscles demandent plus d'attention. Les douleurs qui s'installent avec le temps, les matins où l'on se sent soudain plus « raide », je les connais, moi aussi. J'ai choisi d'écouter mon corps et d'adapter mon exercice physique aux messages qu'il m'envoie. Car c'est scientifiquement prouvé : pour vivre longtemps et en bonne santé, notre meilleur atout est de bouger pour éviter la fonte musculaire, chaque jour, sans exception, en dépit de nos sensations et de nos envies.

Désormais, mon credo est : moins d'intensité mais plus de fréquence. Je vous explique : rien de pire que la sédentarité, jusque-là, nous sommes d'accord. Rester une heure assise sans se lever devant un écran, c'est déjà être sédentaire, car les toxines s'accumulent dans les muscles et ne sont plus évacuées[1]. Mais attention aux injonctions qui poussent à faire n'importe quoi : un premier marathon à 60 ans, un trail à 65… Vous verrez toujours, sur les réseaux sociaux, des femmes d'un âge avancé repousser les limites physiques et battre des records de vitesse, de distance, de temps… Chaque fois que je vois ce genre de vidéo, je me dis qu'il serait tout aussi intéressant de filmer la même personne le lendemain, quand elle récupère, quand les douleurs apparaissent et handicapent le moindre geste du quotidien. Parce que c'est ce qui se produit dans la grande majorité des cas si le sport n'est pas votre métier.

Pour moi, vouloir à tout prix reculer ses limites, c'est refuser de vieillir. « Vous pouvez le faire, vous êtes encore jeune ! » Ce n'est pas ma philosophie. Au contraire : pour moi, la notion clé, c'est « adapter ». Je ne vous dirai jamais d'arrêter de pratiquer le sport qui vous vide la tête ou vous fait vibrer, au contraire. En revanche, je vous déconseille de pratiquer intensément une activité physique 2 heures d'affilée une fois par semaine.

1. Cf. Michel Desmurget, « Le Club *Le Figaro Idées* », Le Figaro TV.

La récupération sera plus longue, et vous risquez de mettre à mal vos articulations et votre cœur. Quelle que soit votre activité favorite, il vaut mieux la pratiquer 30 minutes par jour tous les jours qu'une fois par semaine à fond et plus longtemps. Vous obtiendrez les mêmes résultats et votre corps vous remerciera.

Je monte à cheval depuis ma plus tendre enfance et je pratique le polo depuis quelques années. Eh bien j'ai constaté ces derniers temps qu'il m'était devenu plus difficile de récupérer au niveau des articulations de l'épaule et des lombaires quand j'enchaînais deux heures par séance. Mais pas question d'abandonner ! J'ai donc demandé conseil à mon entraîneur, qui m'a proposé d'aménager mes entraînements, et donc de les raccourcir quand je me sentais moins en forme. Cette année, j'ai même mis un peu de côté le polo pour me concentrer sur le travail avec ma jument. Me connecter à elle est ce dont nous avions besoin elle et moi.

Bouger, c'est rester en bonne santé

Les bienfaits de l'activité physique

Des 10 000 pas qu'il faudrait faire par jour aux applications qui nous proposent des programmes personnalisés de remise en forme, impossible aujourd'hui de ne pas prendre conscience à quel point bouger est important, et ce quel que soit son âge. Mais savons-nous vraiment pourquoi ? Nous avons des intuitions, certains des connaissances plus précises. Pour ceux qui douteraient encore des bienfaits de l'activité physique sur la santé, voici l'essentiel à savoir.

L'exercice physique a un impact bénéfique sur tous les aspects de notre santé, quels que soient notre sexe ou notre âge. Le sport permet d'abord de développer et de tonifier les muscles, augmentant ainsi la force et l'endurance. Il améliore la santé cardiaque en renforçant le cœur et les vaisseaux sanguins, réduisant ainsi les risques de maladies cardiovasculaires. L'exercice spécifique d'endurance, comme la marche, la course, le vélo ou la natation, renforce le cœur et dilate les artères, réduisant le dépôt de cholestérol sur leurs parois.

L'activité physique aide aussi à brûler les calories, donc à maintenir un poids stable, et améliore la flexibilité et la mobilité en favorisant la souplesse des articulations et des muscles. Elle est notamment conseillée en cas de douleurs chroniques au dos.

Le sport permet également un sommeil de qualité. Et pas parce qu'il nous épuise ! Le sommeil se décompose en trois phases. L'exercice physique peut augmenter l'amplitude de ces phases, ce qui pourrait expliquer pourquoi le sport a un effet protecteur contre les désynchronisations du rythme de sommeil. De même, il augmente la température corporelle, qui diminue ensuite, aidant le corps à s'endormir. Cependant, il est important de noter que l'exercice intense tard le soir peut perturber ce processus et rendre l'endormissement plus difficile.

Activité physique et ménopause

Nous avons déjà évoqué ensemble ce désagréable constat : avec la ménopause apparaissent, autour de la taille notamment, quelques rondeurs qui ajoutent des kilos sur la balance. Maintenir son poids de forme devient plus difficile, mais c'est essentiel : rien de pire que de faire le yoyo si l'on veut éviter que notre corps vieillisse prématurément. Pratiquer un sport contribue à accroître notre métabolisme.

Le sport permet de maintenir la masse musculaire dont on sait qu'elle diminue avec l'âge, donc de préserver la force et la tonicité, mais aussi à maintenir la densité osseuse et à réduire le risque de développer certains cancers, dont le cancer du sein. Il favorise la sécrétion d'endorphines et de dopamine, améliorant l'humeur, aidant à gérer le stress et à prévenir la dépression. Il peut aider à renforcer les muscles du plancher pelvien, qui se fragilise avec l'âge, et à prévenir l'ostéoporose.

Y aurait-il des sports qui seraient déconseillés après la ménopause ? Aucun sport n'est interdit. C'est une question de bon sens : si la course d'endurance est votre truc depuis des années, grand bien vous fasse de continuer.

Bouger, c'est respirer

Impossible de pratiquer une activité physique sans respirer. Impossible de vivre sans respirer ! La respiration est un processus biologique crucial pour fournir de l'oxygène aux cellules et éliminer le dioxyde de carbone produit par le métabolisme. Chez les humains, la respiration comprend deux phases principales : l'inspiration et l'expiration. L'inspiration permet d'amener de l'air riche en oxygène dans les poumons, tandis que l'expiration expulse l'air chargé de dioxyde de carbone. Ce processus est contrôlé par le système nerveux autonome, ce qui signifie qu'il se produit généralement sans que nous ayons à y penser.

La respiration nous permet aussi de calmer notre stress, nos angoisses passagères, de nous concentrer. N'hésitez pas à apprendre très tôt à vos enfants à respirer par le ventre, pour calmer la colère, l'excitation, exprimer leurs émotions. Face au stress, ils seront bien mieux armés.

Pour calmer mes pensées au coucher, j'alterne entre la cohérence cardiaque, technique qui permet de calmer son rythme cardiaque grâce à la respiration, et la respiration avec alternance des narines, deux techniques de respiration que je connais depuis plus de dix ans et dont j'avais déjà vanté les bienfaits[1].

1. Voir *Orahe, ma méthode anti-âge, op. cit.*

Chapitre 6

Préserver

J'aime particulièrement ce verbe. Je le trouve doux et fort à la fois, et par-dessus tout il est pour moi vital. Vital pour la planète, vital pour l'être humain, vital pour la faune et la flore. Et vital aussi pour notre corps.

J'ai eu envie de consacrer un chapitre entier à deux organes vitaux, qui sont des machines incroyables et sans lesquels nous ne serions pas ce que nous sommes : le cœur et le cerveau. Ils sont en première ligne des modifications hormonales induites par la ménopause. Nous devons donc nous, les femmes, en prendre le plus grand soin en les préservant le plus longtemps possible des agressions qui les guettent. Ils sont aussi les premières victimes d'un mal que nous subissons toutes et tous et dont nous avons tant de difficultés à nous préserver : le stress.

Un stress XXL

Un mécanisme de survie

C'est le fléau des temps modernes. Le terme « stress » date de 1936 : c'est le docteur Hans Selye, endocrinologue à l'Institut de médecine et de chirurgie expérimentale de Montréal, qui est le premier à en donner une définition. Le stress est une « agression de l'organisme par un agent physique, psychique, émotionnel entraînant un déséquilibre qui doit être compensé par un travail d'adaptation ; agent qui agresse ; tension nerveuse, contrainte de l'organisme face à un choc (événement soudain, traumatisme, sensation forte, bruit, surmenage) ; état d'une personne soumise à cette tension. » Le stress est donc à la fois l'agresseur, l'agression et l'état qui en découle.

Mais le stress n'est pas né au XXe siècle. Il est né en même temps que l'homme : c'est une réaction naturelle, instinctive, de protection de l'organisme pour nous aider à réagir face à des situations potentiellement dangereuses ou difficiles, qui implique à la fois notre corps et notre esprit. Il a pour rôle de préserver nos fonctions vitales, donc nos organes vitaux. Il y a plusieurs millions d'années, le stress permettait à l'homme de Néandertal de survivre en réagissant aux dangers nombreux qui l'entouraient ; aujourd'hui, il est déclenché par les événements de vie : une perte d'emploi, le décès d'un être cher, un déménagement, un divorce ; ou des situations du quotidien : le surmenage au travail, le manque de sommeil, le bruit constant, les problèmes relationnels, les difficultés financières, etc. ; et nous pourrit souvent la vie.

Les effets du stress sur notre corps

Le stress a des effets sur la totalité de notre corps. Nous avons tous déjà expérimenté ces sensations désagréables au moins une fois dans notre vie : des tremblements, la bouche sèche, une boule dans la gorge, le cœur qui s'emballe, des difficultés à respirer, un excès de sueur… Et quand le stress s'installe, ce sont des maladies plus ou moins graves qui apparaissent : ulcères, diarrhées, cystites, migraines, douleurs musculaires et intestinales, impuissance et troubles du cycle menstruel, asthme, rougeurs et démangeaisons, anxiété… La liste est longue. Le stress génère même une modification du métabolisme, entraînant une hausse de notre consommation d'oxygène, du glucose et des graisses.

Lorsqu'il est attaqué, notre organisme réagit pour assurer sa sauvegarde. Les stimuli envoyés par le stress atteignent les zones du cerveau impliquées dans les émotions et la coordination : l'amygdale, l'hippocampe et le cortex préfrontal, qui réagissent en libérant des neurotransmetteurs et des hormones, comme la sérotonine, la dopamine et la noradrénaline. Les autres hormones qui entrent en jeu sont le cortisol et l'ocytocine, entre autres. Le rôle de ces neurotransmetteurs et de ces hormones est de permettre à l'organisme de libérer les forces et l'énergie nécessaires pour faire face à la menace que notre cerveau a perçue.

Lorsqu'un épisode de stress nous arrive, trois étapes se succèdent. D'abord, c'est l'état de choc : c'est le moment où le cerveau perçoit la situation et envoie les signaux au corps. Les manifestations physiques apparaissent : pâleur, gorge « serrée », estomac noué, sueurs, tremblements, parfois malaise. Puis vient la réaction : via les glandes surrénales, l'hypothalamus produit du cortisol. C'est l'état d'alerte : avec la libération de l'adrénaline, le rythme cardiaque et le flux sanguin augmentent, les fluides sont redistribués vers le cerveau et les muscles. Le cortisol augmente la synthèse du glucose par le foie, fournissant ainsi au cerveau et aux muscles l'énergie nécessaire pour combattre l'agression.

Le stress, bon ou mauvais ?

Puisqu'il est constitutif de tout être humain, le stress n'est par essence ni bon ni mauvais. Il le devient suivant la façon dont nous interprétons les situations stressantes et notre capacité à y faire face, mais aussi à sa durée. Plus notre exposition au stress est longue, plus il est néfaste pour notre santé : il épuise nos ressources énergétiques, fragilise nos cellules, dérègle la production hormonale et prépare le terrain aux maladies cardiaques et artérielles, au cholestérol, au diabète, aux ulcères à l'estomac, etc.

Le stress chronique impacte aussi notre état émotionnel : déprime, agressivité, fatigue émotionnelle, énervement sont fréquents. Des troubles psychologiques peuvent même surgir : difficulté de concentration, troubles de la mémoire, anxiété.

Le corps médical s'accorde aujourd'hui à dire que le stress chronique diminue la durée de vie : exerçant un effet toxique sur nos organes et nos artères, il agit sur notre capacité à guérir. Il est aussi responsable de maladies graves : en activant le gène FKBP5, il favorise le dépôt de la substance amyloïde responsable de la destruction des neurones et multiplie par deux le risque de développer la maladie d'Alzheimer. Il augmente le risque de développer une dépression ou la maladie de Parkinson, les maladies inflammatoires du côlon comme la maladie de Crohn ou la rectocolite hémorragique. Enfin, il favorise la boulimie, augmente le risque de diabète, d'obésité et de développer la maladie du foie gras.

Comment combattre le stress ?

Je vais vous décevoir : je n'ai pas de remède miracle à vous proposer. Pour une raison simple : notre capacité à « gérer le stress » est intimement liée à notre personnalité, notre expérience, notre mémoire, notre état de santé, notre perception de la situation… Parce que nous sommes toutes et tous différents, la solution à apporter doit être personnalisée. Nous n'avons peut-être pas le contrôle sur la plupart des sources de stress dans nos vies, mais nous avons les armes pour y répondre.

D'abord, il faut apprendre à reconnaître les signes qui annoncent que le stress que l'on subit va nous dépasser, savoir écouter son corps et son mental pour les détecter le plus vite possible, se connaître assez pour identifier aussi quels sont les « agents stressants » qui nous entourent, pour mieux comprendre nos réactions et trouver la parade.

Une fois que l'on sent que le stress est là, l'idée est d'apprendre à se relaxer : méditer, écouter de la musique, peindre, écrire, voir ses amis, se faire des câlins, partir en vacances sont autant d'activités qui aident à relaxer son esprit. Pour le corps, rien de tel qu'une activité physique régulière, que ce soit de la boxe, de la natation, du yoga ou du tai-chi. Et surtout ne restez pas en apnée, respirez ! Une bonne respiration permet une bonne oxygénation, stimule le système parasympathique, réduit le rythme cardiaque et favorise l'apaisement.

Je pratique depuis longtemps la méditation. J'y reviendrai plus loin. Se concentrer sur sa respiration, sur un objet, dans le calme complet, créer une bulle dans laquelle reposer son esprit quelques minutes par jour est l'un des meilleurs remèdes au stress que j'ai pu expérimenter. La communauté scientifique est d'ailleurs aujourd'hui convaincue que la méditation atténue les souffrances, ralentit le vieillissement, mais aussi prévient et traite les maladies comme la dépression, l'infarctus du myocarde, les cancers, Alzheimer. En réduisant le stress, et donc le cortisol, la méditation agit comme un puissant antioxydant.

Le stress impacte notre cerveau en premier, puis se répercute sur le corps, qui réagit. Je fais partie de ces personnes qui ont souvent mal au dos : quand je suis fatiguée, stressée, le bas de mon dos se raidit, et la douleur, parfois insupportable, me réveille la nuit. Je n'hésite pas alors à me rendre chez mon ostéopathe – les consultations d'ostéopathie sont désormais remboursées par beaucoup de mutuelles. Nos muscles, notre posture sont impactés par le stress, qui modifie l'équilibre de notre corps. La séance d'ostéopathie lui permet de s'aligner de nouveau.

Le cerveau, organe de génie

> *« Non seulement le cerveau interprète le monde, mais il le crée. »*
>
> Deepak Chopra

Notre cerveau compte 100 milliards de cellules qui forment des millions de milliards de connexions appelées synapses. Il évolue et s'améliore tout au long de notre vie si on lui en donne les capacités, en inventant sans cesse de nouvelles choses, intégrant de nouvelles compétences, en sortant de sa routine.

Mais si nous n'utilisons que 10 % de son cerveau, nous n'en prenons pas suffisamment soin. Nous agissons comme s'il se débrouillait sans nous. Or, s'il est un organe qui a besoin d'être bien nourri, bien hydraté, stimulé, mais aussi reposé, préservé des agressions extérieures, et en premier lieu du stress, c'est bien notre cerveau.

Si j'ai voulu mettre en lumière cet organe, c'est parce qu'avec l'âge nous devons, toutes et tous, mais encore plus nous, les femmes, lui apporter protection et bienveillance. Notre cerveau paie cher les conséquences de trop de stress et les modifications hormonales liées à la ménopause, dont les conséquences sur notre santé mentale, intellectuelle et physique peuvent être irréversibles.

Stress et cerveau

Quand il est présent en trop grande quantité dans notre corps, le cortisol, l'hormone du stress, tue. Pourtant, nous en avons besoin : sans cortisol, on perdrait l'envie de faire et la capacité de nous défendre. Mais notre cerveau fonctionne comme un drogué : de peur de manquer de cortisol, il en produit trop. Le cortisol fonctionne alors comme un oxydant puissant qui, en plus de nous paralyser psychologiquement, vieillit notre cerveau prématurément. Des solutions simples existent pour calmer son stress et faire baisser le taux de cortisol. Voici les principales.

Échanger pour de vrai

Des études ont prouvé qu'aimer ses proches, sa famille, passer du temps avec eux, par la joie que ce lien procure, est suffisant pour protéger son cerveau du stress. Les relations sociales réelles avec de vraies personnes qui nous aiment et que nous aimons sont très efficaces pour nous apaiser et donc diminuer le taux de cortisol, à l'inverse des réseaux sociaux qui, en plus de nous faire croire que nous avons des centaines d'« amis », nous éloignent les uns des autres et nous stressent. Chaque interaction avec un autre être humain est positive, et pas forcément votre meilleure ou votre plus vieille amie. Être face à la personne, capter son regard, son sourire, sa gestuelle permet de ressentir son énergie. Ces interactions sociales sont un vecteur de longévité et de préservation de notre santé mentale.

Débrancher

La deuxième bonne habitude à prendre découle de la première : débrancher ! Lâchons enfin vraiment nos écrans. Avant de dormir, bien sûr, mais aussi le week-end, à table, en famille, entre amis… Organisons des moments de digital detox. C'est le meilleur moyen de prendre conscience que nous sommes dépendants de nos smartphones. J'ai été contrainte de poser le mien durant plus de trois semaines lorsque j'ai participé à l'émission *Rendez-vous en terre inconnue.* J'étais terrorisée : comment prendre des nouvelles de mes enfants ? Me tenir au courant de la marche du monde ? Survivre sans Instagram… ? J'ai été frappée de la vitesse à laquelle je me suis déshabituée de consulter mon téléphone, des sites d'info et des réseaux sociaux. Il y avait bien sûr au camp de base de l'expédition des moyens techniques pour joindre mes proches qui m'ont rassurée. Et je vivais quelque chose de si fort, de si intense, que je n'avais envie que d'une chose : profiter du moment présent. De même, lorsque je suis allée plonger aux Philippines pour mon association Spero Mare[1], je me suis

1. www.speromare.com.

retrouvée sans réseau. Ça m'a fait un bien fou ! Nous plongions à un rythme effréné, et, très vite, j'ai oublié mon téléphone. Je me suis désintoxiquée après seulement quelques heures. Comme quoi, être contrainte d'abandonner ses (mauvaises) habitudes, parfois, ce n'est pas si mal.

S'aérer

Une fois nos téléphones posés, sortons : allons prendre l'air dans un parc, un square, un bois, une forêt. Il est prouvé que ceux qui passent du temps au contact de la nature, à marcher et à respirer, sont moins déprimés, moins stressés. Pour ceux qui n'ont pas d'espaces verts près de chez eux, faites-les entrer chez vous : posséder des plantes vivantes dans son intérieur est un bon moyen de se rapprocher de la nature. Potager d'intérieur, plantes vertes, kit de jardinage à la maison… Des solutions existent.

Méditer

Si le stress persiste, c'est le moment d'intégrer dans son quotidien une de ces techniques – ou les trois ! – qui ont fait leurs preuves : le yoga, la méditation et la respiration. Ces méthodes de relaxation sont destinées à réduire les conséquences du stress, mais pas seulement : elles favorisent aussi l'équilibre hormonal, apaisent les crises d'angoisse et ralentissent l'apparition du déclin cognitif. Respirer lentement et profondément permet par exemple de transformer le stress en calme, tout en ralentissant l'inflammation générée par le cortisol.

La méditation est un véritable investissement pour l'avenir. Elle augmente la capacité du cerveau à se réparer et à se régénérer, et donc à vieillir moins vite. C'est une pratique courante dans de nombreuses régions du monde, sauf en Europe où elle nous est peu familière. Différentes formes existent et toutes sont valables ; vous trouverez sûrement celle qui vous correspond. Pour les impatientes, on peut même méditer en marchant, en jardinant, en repassant, dans les transports, dans sa voiture au milieu des embouteillages…

Il y a une forme de méditation que j'aime particulièrement : je récite le mantra que j'ai moi-même imaginé, écrit, suivant ce que je souhaite. Par exemple : « Je veux mon moment à moi, prendre 20 minutes par jour pour moi, je veux être joyeuse, je veux m'en sortir… » Attention aux mots que vous employez : ne jamais employer « ne pas, ne jamais, ne plus… ». Notre cerveau ne comprend pas la négation et fera l'exact inverse de ce que vous voulez. Soyez conscients de la puissance des mots dans votre méditation.

La méditation fait l'objet de nombreuses études scientifiques aujourd'hui. Il est avéré désormais qu'elle fait baisser la pression sanguine, grâce à une respiration profonde et calme, qu'elle réduit le stress et donc le risque de développer des maladies cardiaques. Elle aide aussi à réguler certains symptômes de la ménopause, comme les bouffées de chaleur et les sueurs nocturnes.

Alimentation et cerveau

La plupart des gens ne connaissent pas les besoins de leur cerveau en nutrition. Contrairement aux autres organes qui prennent ce qu'il leur faut dans ce qu'on leur donne, le cerveau est difficile en alimentation. Il est capable de créer lui-même une partie de sa nourriture, et puise le reste dans ce que nous mangeons.

Quels sont les nutriments essentiels au cerveau ? Ce sont ceux qui peuvent traverser la barrière hématoencéphalique, celle qui sépare le cerveau du sang, et aller directement dans notre cerveau.

Pour fonctionner au mieux, il lui faut plus de 45 nutriments répartis entre les protéines, les glucides, les lipides, les vitamines et les minéraux. Là où le corps a besoin de 60 % d'eau, de 20 % de protéines, de 15 % de lipides et de 2 % de glucides, le cerveau a besoin de 80 % d'eau, de 11 % de lipides, de 8 % de protéines, de 3 % de vitamines et de minéraux et de traces de glucides.

Il est donc tout à fait possible de nourrir son cerveau pour qu'il reste sain, jeune et efficace, tout en équilibrant nos hormones, en boostant notre énergie, en régulant notre humeur, mais aussi renforçant notre système immunitaire et réduisant les symptômes de la ménopause. La neuroscientifique Lisa Mosconi, dans son livre *Brain Food*[1], dévoile les huit recommandations pour une alimentation équilibrée du cerveau :

1- Respectez la règle d'or suivante : l'assiette qu'on se prépare à chaque repas doit comporter la moitié de légumes, des céréales complètes (on élimine farine, pâtes et pain blancs), des légumineuses et des féculents comme la patate douce. Misez sur les choux, riches en fibres, et sur les fruits, qui apportent le bon sucre, à indice glycémique bas (fruits rouges, pommes, citrons, oranges, pamplemousses).

2- Consommez des phyto-œstrogènes et des isoflavones, que l'on trouve dans les produits animaux mais aussi des plantes comme les céréales complètes, les légumineuses, les légumes et les fruits, et le soja. Pour diminuer les symptômes de la ménopause, consommez 40 à 50 mg par jour d'isoflavones, soit l'équivalent d'une cuillère à soupe de tofu dans une soupe miso ou d'edamame. Mangez aussi des aliments contenant des lignanes, comme les graines de lin, le haricot mungo, le sésame.

3- Misez sur les antioxydants. Notre cerveau est l'organe qui souffre le plus du stress oxydatif,

1. Avery, 2018.

c'est-à-dire de la présence des radicaux libres nuisibles. Pour lutter contre cette oxydation, il faut des vitamines C et E, du bêtacarotène, du sélénium, du lycopène… Les études le prouvent : un cerveau nourri d'antioxydants dégage plus d'énergie et est moins sujet au déclin cognitif. Les huiles d'olive et de lin sont d'excellents aliments anti-inflammatoires, comme l'origan sec, le romarin sec, la menthe poivrée sèche, le clou de girofle, la cannelle… Quant à la noix du Brésil, c'est une des sources de sélénium minéral les plus reconnues.

4- Choisissez le bon gras. Les oméga 6 créent une inflammation pour activer le système immunitaire et nous protéger en cas d'inflammation importante, et les oméga 3 abaissent les niveaux d'inflammation quand les dangers ne sont plus présents. Pour un cerveau en bonne santé, il faut que l'équilibre entre les deux soit parfait. Et il dépend uniquement de ce que l'on mange. Or les Occidentaux consomment 20 à 30 fois plus d'oméga 6 inflammatoires que d'oméga 3 anti-inflammatoires. Il faut inverser la proportion, en consommant par exemple du poisson 1 à 2 fois par semaine. Les amandes et les noix, lipides mono-insaturés et non saturés, sont aussi fortement recommandées.

5- Nourrissez votre microbiote en pré- et probiotiques. Nous l'avons vu au début de ce livre[1],

1. Voir chapitre 1.

une alimentation riche en fibres et pauvre en produit animal est bonne pour le microbiote et le système immunitaire. Les aliments riches en prébiotiques sont l'ail, l'oignon, l'asperge, la banane, le chou, le poireau, l'artichaut ; ceux riches en fibres sont le haricot mungo, la citrouille et le potiron, les petits pois, les pois gourmands et cassés, les haricots blancs et rouges, les lentilles, les pois chiches, le chia, le lin ; et ceux riches en probiotiques sont le yaourt, le kéfir et les légumes fermentés (choucroute, pickles). Attention au yaourt que vous consommez : pour être sain, il doit être nature et non allégé en graisse.

6- Zéro alcool et zéro café. Dans l'idéal, évidemment. Et buvez de l'eau.

7- Mangez bio le plus possible.

8- Mangez moins : en réduisant les calories, on booste nos capacités cognitives et le système de défense immunitaire et antioxydant du cerveau.

Maladies mentales et AVC

Les femmes ont deux fois plus de risques qu'un homme de souffrir d'anxiété et de dépression, trois fois plus celui de développer une maladie auto-immune, comme la sclérose en plaques, quatre fois plus de maux de tête et de migraine, et plus de risques de développer des méningiomes et des AVC.

Laissez-moi revenir un instant sur l'AVC justement : toutes les 4 minutes, en France, une personne est victime d'un accident vasculaire cérébral ou AVC. C'est la première cause de handicap chez l'adulte, mais surtout c'est la première cause de décès chez la femme ! Si nous continuons à vivre à ce rythme effréné, en 2030, une personne sur six sera victime d'un AVC.

Un AVC est l'arrêt brutal d'afflux de sang dans le cerveau, dû soit à la présence d'un caillot qui bouche une artère soit à une hémorragie. Les symptômes qui annoncent sa venue et à ne jamais prendre à la légère sont les suivants : la paralysie, la vue qui se trouble associée à des maux de tête.

Les facteurs de risques de l'AVC sont l'hypertension, le tabagisme, le diabète, l'hypercholestérolémie, la sédentarité, l'obésité, l'alcool. Ils sont liés à notre mode de vie et peuvent être traités par des médicaments. En revanche, l'âge (après 55 ans), les antécédents familiaux, les origines ethniques (Afrique et Caraïbes), la ménopause sont des facteurs de risque contre lesquels on ne peut rien.

Comment explique-t-on que de plus en plus de femmes sont touchées ? D'abord parce qu'elles ont vu leur espérance de vie augmenter et donc vivent plus âgées ; ensuite parce qu'avec la ménopause et la baisse de production d'œstrogène les effets protecteurs des hormones disparaissent. Les contraceptions hormonales (fortes doses d'œstrogènes) sont aussi un facteur de risque, comme les grossesses à risque (notamment de prééclampsie), le stress chronique, la dépression et la précarité.

Focus : Cerveau et médicaments, soyons vigilants

Des études récentes ont montré que certains médicaments augmentaient le risque de démence, d'altération de la mémoire et de dégénérescence (et même de baisse de la libido...). C'est le cas de certains antidépresseurs, de certains antihistaminiques et de molécules pour lutter contre l'asthme. Les benzodiazépines, utilisées contre l'insomnie, l'anxiété, le stress, les anticholinergiques, les bêtabloquants, certaines molécules utilisées contre le diabète et la régulation de la glycémie sont ainsi à limiter autant que possibles.

Prendre soin de son cerveau quand on est une femme, nous le devons toutes, le plus tôt possible. Heureusement, peu importe l'âge auquel on commence : il n'est jamais trop tard. Quand on le sait, on n'a plus d'excuses.

Le cœur, organe roi

Un sujet qui me tient particulièrement…
à cœur

En 2019, je lui ai même consacré un livre entier[1]. Cet organe magnifique me fascine. J'ai cherché à comprendre son fonctionnement, ses interactions avec les autres organes, mais aussi avec nos émotions. J'ai naturellement aussi été amenée à comprendre les enjeux de ses dysfonctionnements, car sans cœur, pas de vie possible.

À l'époque, j'avais été choisie pour devenir une des ambassadrices de la Fondation recherche cardiovasculaire[2]. J'ai alors rencontré des femmes et des hommes, professeurs, chirurgiens, chercheurs, qui œuvraient ensemble pour une meilleure prise en charge des maladies cardiovasculaires féminines et qui m'ont appris ce que je sais aujourd'hui. À savoir que chaque jour, en France, deux femmes meurent dans des accidents de la route, trente-trois femmes d'un cancer du sein et deux cents de maladies cardiovasculaires.

Qu'est-ce qu'une maladie cardiovasculaire ? C'est une lésion touchant le cœur, les vaisseaux sanguins approvisionnant le cœur, ou le réseau de vaisseaux sanguins (artères et veines) dans tout le

1. *Orahe, vivre au rythme de son cœur*, Flammarion, 2019.
2. www.fondation-recherche-cardio-vasculaire.org.

corps. Ainsi, un accident vasculaire cérébral est bien une maladie cardiovasculaire.

Or la prise en charge des maladies cardiovasculaires chez la femme a été pendant longtemps le parent pauvre de la cardiologie. Si la communauté scientifique a considéré que les hommes étaient les principales victimes des accidents cardiaques, c'est d'abord parce que les études ont pris pour cible l'homme, et non la femme, de 50 ans. Pourtant, on le sait aujourd'hui, les maladies cardiaques sont une des grandes causes de mortalité féminine.

Le cœur des femmes, un organe unique

Notre cœur à nous, les femmes, est différent de celui des hommes. Ce n'est pas le cas de tous les organes. C'est ce qui lui permet, par exemple, d'assurer notre survie et celle du fœtus pendant la grossesse : notre cœur est doué d'une capacité d'adaptation exceptionnelle, qui lui permet de pomper dix à douze litres de sang par minute au lieu des cinq habituels.

Pourtant, notre cœur est plus petit et plus fragile que le cœur masculin. Nos artères coronaires sont plus étroites et ont la capacité de se déchirer plus facilement, augmentant le risque d'infarctus. Cette particularité a aussi un impact sur la façon de les soigner : les actes de débouchage, par exemple, sont plus délicats à effectuer et les résultats moins efficaces.

Notre cœur est aussi plus sensible. Rien à voir avec les sentiments : il s'agit d'une plus grande sensibilité aux hormones. En effet, notre cœur possède plus de récepteurs hormonaux que celui des hommes. Nos artères comportent par exemple des récepteurs d'œstrogènes qui les protègent du vieillissement et augmentent leur élasticité. Elles empêchent la formation de caillots sanguins et le mauvais cholestérol de se déposer. Notre cœur est aussi plus sensible que celui des hommes à l'adrénaline et à la noradrénaline, deux hormones du stress, qui permettent une plus grande dilatation des artères et l'augmentation de la fréquence cardiaque.

C'est pourquoi les femmes sont sujettes au syndrome du cœur brisé, aussi appelé *Takotsubo* : en cas de stress très intense, généré par des émotions fortes comme un deuil brutal, une colère devant une injustice ou une peur panique, les taux d'adrénaline, de noradrénaline et de dopamine augmentent tellement qu'ils bloquent les récepteurs, contrarient la microcirculation et empêchent la contraction du ventricule gauche. Le syndrome de Takotsubo entraîne une douleur thoracique identique à celle d'un infarctus du myocarde, mais sans que les coronaires soient atteintes, comme lors d'un vrai infarctus.

Cœur et ménopause : entre avancées scientifiques et idées reçues

Les cardiologues sont unanimes désormais : la ménopause est *la* grande période de danger cardiovasculaire de la vie des femmes. Avec l'arrêt de production d'œstrogènes par les ovaires, notre « protection » disparaît, et le risque cardiovasculaire entre hommes et femmes se rééquilibre. Sans compter que la ménopause s'accompagne parfois d'une prise de poids, d'une augmentation de la tension artérielle, voire de diabète, autant de facteurs qui augmentent la possibilité de développer une maladie cardiovasculaire.

L'immunité du cœur des femmes est attribuée au rôle protecteur des œstrogènes. Or des études récentes tendent à prouver que l'administration d'œstrogènes sous forme de traitement hormonal de substitution pour les femmes ménopausées ne permet pas de prévenir les maladies artérielles et pourrait même s'avérer contreproductive chez les femmes plus âgées.

En effet, une étude datant de 2018 et réalisée sur environ 6 000 femmes âgées de plus de 65 ans, a montré pour la première fois que des taux élevés d'œstradiol sanguin les exposent à un risque augmenté d'infarctus du myocarde ou d'accident vasculaire cérébral, sans que le lien de cause à effet soit cependant démontré. Ce constat va donc à l'encontre des idées reçues sur le sujet.

D'autres résultats montrent que les œstrogènes interviendraient dans certains mécanismes impliqués dans l'obstruction des artères à l'origine des maladies cardiovasculaires : en effet, si les œstrogènes ont un effet coagulant avéré, elles joueraient également un rôle dans le processus inflammatoire. Ce constat est aujourd'hui une voie de recherche importante en particulier chez les femmes obèses où l'accumulation de tissus adipeux est associée à des taux élevés d'œstrogènes[1].

Ces nouvelles données remettent donc en cause le rôle bénéfique des œstrogènes sur le cœur et les vaisseaux sur les femmes de plus de 65 ans. Regardons d'un œil attentif les résultats des futures études sur le sujet pour savoir si ce constat se généralise aux femmes ménopausées plus jeunes.

Prendre soin de son cœur

La médecine évolue en permanence, et les injonctions des scientifiques sont parfois contradictoires. Mais les cardiologues sont unanimes : prendre soin de son cœur est le meilleur moyen de le préserver des maladies qui le touchent.

Comment ? En adoptant une vie saine et équilibrée. Eh oui ! Encore une fois, tout est une question

---

1. INSERM, 8 juin 2012, étude du professeur Pierre-Yves Scarabin.

de bon sens. Quatre facteurs de risque majeurs sont identifiés par la communauté scientifique : le tabac, le stress, le surpoids et la sédentarité.

Je ne m'étendrai pas sur les effets catastrophiques du tabac, que nous connaissons tous aujourd'hui – sous toutes ses formes : cigarettes, cigarettes électroniques, puff... Rappelons néanmoins qu'il cause l'inflammation des artères, ce qui peut favoriser l'apparition de lésions, engendre des spasmes qui les resserrent et gênent la circulation du sang, augmente la pression artérielle, diminue le bon cholestérol, et augmente la coagulabilité du sang, accroissant le risque de formation de caillots.

Quant au stress, qu'il soit aigu et ponctuel ou chronique, la Fédération française de cardiologie[1] confirme qu'il contribue au risque de développer une maladie cardiovasculaire et notamment une maladie coronaire : infarctus du myocarde dans les cas les plus graves, thrombose veineuse et embolie pulmonaire (un caillot se forme dans une artère et l'obstrue, empêchant le sang de circuler), des troubles du rythme cardiaque, mais aussi une insuffisance cardiaque.

Le surpoids est aussi un facteur de risque important car il fatigue le cœur qui doit travailler plus. De même, une alimentation trop riche entraîne un encrassement plus rapide de nos artères, et donc un risque plus élevé de maladies cardiovasculaires.

1. www.fedecardiaque.org

Enfin, la sédentarité affaiblit le cœur. En manque d'entraînement, le muscle cardiaque perd de sa puissance de contraction, reçoit et renvoie moins de sang dans le corps, fournit moins d'oxygène aux muscles et aux organes et récupérera moins vite en cas de crise cardiaque.

Quels conseils donner pour conserver un cœur en forme tout au long de sa vie ? D'abord, mangeons sain, en suivant les conseils que je vous ai donnés dans le premier chapitre de ce livre : des fruits (les fruits rouges, notamment), des légumes (l'artichaut, le chou-fleur ou le céleri), du bon gras (huile de colza, poissons gras mais petits comme la sardine), des protéines (végétales me concernant, mais vous le savez maintenant), peu de sucre, et zéro alcool. Privilégiez les aliments qui procurent du fer à nos globules rouges : thym (en décoction, infusion ou pour agrémenter vos plats), curcuma, romarin, paprika, cannelle, menthe, basilic, fenouil, légumes de la mer (algues, goémon…), avoine, quinoa, épinards, graines de citrouille… Et hydratons-nous : la déshydratation est l'ennemie de tous les organes.

Ensuite, bougeons, tous les jours, même un petit peu. Baladons-nous, faisons travailler notre cœur. Et essayons autant que possible de réduire notre stress. La bonne santé de notre cœur est au bout du chemin.

Focus : Les traitements hormonaux, mon expérience

Vous le savez, le bien-être me passionne depuis maintenant plusieurs décennies, et je me documente beaucoup sur tous les sujets. Je suis aussi une femme ayant passé 50 ans, et la ménopause s'est installée dans ma vie. Lorsque sont apparus les premiers signes, j'ai d'abord écouté mon corps : que se passe-t-il ? J'ai eu la chance d'avoir à mes côtés un gynécologue formidable qui a évoqué avec moi les possibles désagréments ou maux liés à la préménopause avant même que je les ressente et m'a tout de suite tenu le discours suivant : si j'en ressens le besoin ou l'envie, il ne faut surtout pas que j'hésite à soulager le ou les symptômes qui me gâcheraient la vie. J'ai suivi son conseil, et j'ai pris dès les premiers signes d'inconfort un traitement hormonal. Cependant, je sais que ces traitements ont été très contestés, car accusés d'augmenter les risques de cancers, du sein notamment. Le seul conseil que je peux vous donner est d'aller consulter votre gynécologue ou votre généraliste. Lui seul saura vous prendre en charge suivant vos volontés, votre passé médical, et évaluer avec vous l'intérêt d'un tel traitement.

Pense-bête : la ménopause

Impossible d'écrire un livre sur la vie des femmes sans évoquer la ménopause, ce passage obligatoire qui est souvent mal vécu et générateur de changements physiques et psychologiques importants. Voici ce qu'il faut savoir.

Ménopause : de quoi s'agit-il ?

La ménopause, *menopausis* en grec, est un mécanisme biologique commun à toutes les femmes. C'est l'arrêt définitif des règles, qui intervient à l'âge moyen de 51 ans. Dans les faits, ce processus varie d'une femme à l'autre et peut prendre des mois, voire des années.

Les règles s'arrêtent lorsque nous sommes arrivées à la fin de notre stock de follicules, ce petit sac qui contient l'ovule, aussi appelé ovocyte. Plus de règles signifie plus de cycles menstruels.

Or, durant chaque cycle, sont sécrétées deux types d'hormones majeurs, les œstrogènes et la progestérone. Leur diminution au moment de la ménopause entraîne des changements physiologiques importants.

Un processus à durée variable

La ménopause n'arrive pas du jour au lendemain. Elle s'annonce par un dérèglement du cycle : il s'allonge, se raccourcit. Les règles aussi se modifient : elles deviennent très abondantes, puis au contraire presque inexistantes, des saignements apparaissent au milieu d'un cycle... Ces chamboulements s'accompagnent de désagréments comme des seins gonflés et douloureux – comme lorsque nous étions adolescentes ! –, des ballonnements, deux ou trois kilos qui s'installent, une irritabilité exacerbée, des sueurs nocturnes...

Comment savoir si je suis vraiment en ménopause ?

Lorsque les règles ont disparu depuis un an plein, on considère qu'une femme est ménopausée. Il existe deux moyens de vérifier :

– effectuer un dosage FSH (ou HSF en français) par une prise de sang en laboratoire ;

– faire le test de la progestérone : il s'agit de prendre durant trois mois de la progestérone. Si les règles réapparaissent après dix jours de prise, alors il faudra attendre un peu avant de vous déclarer ménopausée.

Quand la ménopause est là

Les bouleversements liés à la ménopause varient suivant les femmes et ne sont pas tous ressentis en même temps ni avec la même intensité. Ils sont en revanche tous dus à la diminution de l'œstrogène et de la progestérone.

Les bouffées de chaleur

Trois quarts des femmes ménopausées y sont sujettes. La baisse des œstrogènes à la ménopause dérègle le fonctionnement de l'hypophyse, proche, dans le cerveau, du centre de régulation de la température, l'hypothalamus, à son tour perturbé.

La sécheresse vaginale

Les problèmes de lubrification intime entraînent des irritations, des brûlures dont découle un inconfort, une gêne, même une douleur, qui freinent les femmes dans leur sexualité.

Une humeur changeante

Avec la ménopause, la sérotonine, neurotransmetteur qui régule l'humeur, le sommeil, la température, la libido, diminue, exacerbant notre sensibilité et notre propension à déprimer.

Des kilos qui s'installent

En vieillissant, notre métabolisme de base est moins performant. S'ajoute une résistance à l'insuline, qui permet la digestion des sucres, due à la baisse d'œstrogène. La diminution d'hormones féminines laissant la place aux hormones masculines, les kilos superflus s'installent autour de la taille.

Des nuits morcelées

L'œstrogène et la progestérone produisent de la mélatonine, l'hormone du sommeil. Leur diminution en impacte la production et perturbe nos nuits. Sans compter les réveils dus aux bouffées de chaleur ou à une vessie capricieuse.

Un cœur plus fragile

Avec l'âge et la diminution des œstrogènes qui protègent notre cœur, nous sommes plus exposées que les hommes aux infarctus du myocarde.

Les articulations sensibles ou douloureuses

Les hormones féminines jouent un rôle anti-douleur au niveau de nos articulations. Quand l'œstrogène diminue, l'articulation nous semble plus sensible. Si la gêne se transforme en douleur réelle et persistante, consultez : il peut s'agir d'arthrose ou de polyarthrite rhumatoïde, fréquentes à la cinquantaine.

Les os moins solides

Avec l'âge, la densité et la solidité des os diminuent. Cette fragilité s'accentue avec la ménopause, à cause de la baisse des œstrogènes. Lorsque les os sont devenus si fragiles qu'ils cassent, on évoque une maladie : l'ostéoporose.

La vessie plus fragile

La baisse d'œstrogène fragilise la vessie, entraînant l'apparition d'infections, les cystites, une envie trop fréquente d'uriner, des envies irrépressibles la nuit, et parfois une incontinence.

La mémoire qui flanche

Entre la baisse des œstrogènes (qui perturbent le fonctionnement de récepteurs de la mémoire dans le cerveau) et le sommeil perturbé, la ménopause peut avoir un impact négatif sur la concentration et la mémoire.

Et les hommes, alors ?

Les hommes aussi sont soumis à des modifications hormonales liées à l'âge : c'est l'andropause. L'andropause est souvent comparée à la ménopause chez les femmes, bien que les deux phénomènes soient très différents. L'andropause fait référence à une baisse progressive des niveaux de testostérone, l'hormone sexuelle masculine principale, qui peut se produire à partir de l'âge de 40-50 ans, bien que cela varie d'un homme à l'autre.

La diminution de la testostérone entraîne des symptômes physiques : une fatigue accrue, une diminution de la masse musculaire et une augmentation de la masse graisseuse, une baisse de la libido ou des troubles de l'érection, une diminution de la densité osseuse, des bouffées de chaleur ; et des symptômes psychologiques : une irritabilité ou des changements d'humeur, une dépression légère ou une fatigue émotionnelle, des problèmes de concentration et de mémoire, une perte de motivation ou de confiance en soi.

En plus de la baisse de la libido, certains hommes peuvent éprouver des difficultés à maintenir une érection ou à ressentir la même satisfaction sexuelle qu'auparavant.

Ces symptômes peuvent affecter la qualité de vie de certains hommes. Plusieurs approches peuvent être envisagées pour gérer les effets de l'andropause : améliorer son alimentation, faire de l'exercice régulièrement, bien dormir, et gérer le stress ; la mise en place de thérapie de remplacement de la testostérone – elle doit être discutée avec un médecin en raison de ses effets secondaires possibles ; parler à un thérapeute ou à un conseiller pour aider à gérer les symptômes émotionnels liés à l'andropause.

Troisième partie

PROFITER

Comment envisager d'avancer en âge si ce n'est pas pour profiter de la vie ? J'aime me lever le matin et me dire que la journée me réserve de belles surprises. Ce n'est pas toujours le cas, je vous rassure : j'ai des semaines pourries, comme tout le monde, mais j'ai toujours hâte d'être à demain pour connaître ce que la vie a à m'offrir. J'ai confiance en elle, j'accueille avec impatience ce qu'elle me propose, et j'aime me réjouir des grands comme des petits bonheurs.

C'est sans doute pour cette capacité à croire en demain que je souris souvent : aux inconnus dans la rue, à mes enfants, à mes amis. Je recherche la compagnie des autres car, pour moi, il n'y a rien de pire, quand elle n'est pas choisie, que l'absence de ceux qu'on aime, et je profite de chaque instant avec eux.

J'apprécie aussi de passer des moments à me faire plaisir, en dorlotant mon apparence, que ce soit en m'habillant, en me coiffant, ou en prenant soin de ma peau. Mais pas seulement : passer sous les mains expertes d'un masseur professionnel et profiter d'un instant suspendu rien que pour moi est un luxe que j'aime m'offrir dans une époque où tout va toujours plus vite. Se recentrer, s'ancrer dans l'instant présent, je n'ai encore rien trouvé de mieux pour apprivoiser le temps qui passe. Pas vous ?

Chapitre 7

Sourire

« On ne vieillit pas en prenant de l'âge,
on vieillit quand on arrête de rire. »

Madame Connasse

La vie n'est pas toujours rose. Ni pour vous, ni pour moi. Contrairement à ce que les réseaux sociaux veulent nous faire croire, il ne fait pas toujours beau et chaud, nous ne sommes pas tout le temps en vacances, en maillot de bain sur une plage paradisiaque… Nous connaissons tous des moments désagréables, douloureux, voire insupportables. Parfois, on se dit même qu'on n'y arrivera pas. Qu'on ne s'en sortira jamais. Et nous avons tous, dans notre entourage, des optimistes, ces gens qui voient toujours le verre à moitié plein, ces personnes dont on a l'impression que rien ne pourrait leur enlever le sourire qu'elles ont en permanence vissé sur le visage.

La vie s'est chargée de me convaincre très tôt que ce sont eux qui ont raison. J'ai appris très jeune qu'avoir le sourire peut changer le cours des événements. J'ai eu la douleur de perdre mon papa à 23 ans, le lendemain de mon mariage. Je me suis retrouvée littéralement prise en étau entre les deux plus grandes émotions possibles : le comble du bonheur d'épouser l'homme que j'aimais plus que tout, et l'insupportable douleur de perdre l'autre homme de ma vie.

Même dévastée, j'ai réussi à trouver les forces pour sourire aux invités. L'amour que je ressentais à ce moment-là pour mon mari a été plus fort que la douleur. Ma maman m'avait dit alors : « Pense à ton bonheur. » C'est ce que j'ai fait. Bien sûr, cette tache noire a assombri ce moment si pur, oui, sourire à la vie est parfois difficile, mais c'est le choix que j'ai fait à cette époque. Et je ne l'ai jamais regretté.

Aujourd'hui, trente-cinq ans plus tard, je continue d'essayer jour après jour de voir le bon côté des choses, de rester optimiste et de chercher le bon dans chaque situation, de me présenter au monde avec le sourire, et de rire le plus souvent possible. Car le pouvoir du sourire est sans limite.

Sourire à la vie

Le sourire est universel

Nous sommes tous capables de sourire et de rire, ne serait-ce que par imitation, quels que soient notre sexe, notre couleur de peau, notre taille ou notre poids : si vous souriez à quelqu'un dans la rue, il ou elle aura tendance à vous renvoyer votre sourire. C'est une des caractéristiques universelles de notre espèce.

Je ne peux mieux définir l'universalité du sourire qu'en vous racontant cette anecdote : lorsque j'ai participé à l'émission *Rendez-vous en terre inconnue*, au Kenya, pour communiquer avec les Samburu, nous avions deux traducteurs. L'un d'eux passait de l'anglais au swahili, et le suivant du swahili au samburu. Or, très souvent, un simple sourire échangé avec les trois femmes qui nous ont accueillis Raphaël de Casabianca et moi suffisait pour nous comprendre, à me redonner du courage lorsque j'étais fatiguée ou que l'émotion était trop forte. Les sourires qu'elles m'envoyaient m'ont donné une force incroyable, m'ont réconfortée tant de fois.

Sourire est un langage universel, qui crée une complicité, une connivence, une compréhension même entre des personnes qui ne parlent pas la même langue. Même si sourire à quelqu'un ne prend que quelques secondes, on crée un lien avec cette personne, aussi profond qu'éphémère.

Un sens différent suivant les cultures

Sourire n'est pas perçu partout de la même façon : il dépend de notre culture. Dans la plupart des civilisations, il a une connotation positive, mais, dans certaines autres, celles renfermées sur elles-mêmes, il est considéré comme un signe de stupidité.

Les pays ouverts et riches culturellement ont tendance à rire et à sourire davantage. Par exemple, les habitants des États-Unis, nation née des différents courants migratoires au fil des siècles, sourient beaucoup, contrairement aux Japonais, dont le pays est très fermé aux influences extérieures. Pourquoi ? Parce que sourire a permis aux différentes cultures présentes sur le sol américain de communiquer alors qu'elles ne parlaient pas la même langue. Et comme le sourire des uns entraîne le sourire des autres, c'est la population tout entière qui se met à sourire.

Un sourire ou des sourires ?

Savez-vous combien de fois nous sourions chaque jour ? Environ une centaine, et le plus souvent sans y penser. Pourtant, rire active de nombreux muscles, depuis le visage jusqu'aux abdominaux. C'est aussi un moyen subtil pour exprimer une émotion, le reflet de notre état d'esprit et un outil de communication complexe.

Les scientifiques qui étudient le sourire ont établi une classification, qui a évolué au fil du temps : dès la deuxième moitié du XIXe siècle, le « vrai » sourire, le plus sincère, qui implique le muscle zygomatique supérieur, celui qui gonfle la joue et étire la bouche, et ceux du coin des yeux, est différent du « faux » sourire, forcé ou volontaire, reconnaissable au fait que seuls les muscles des joues sont contractés.

Beaucoup plus récemment, les scientifiques sont tombés d'accord sur l'existence de trois sortes de sourire : celui qui traduit une émotion, celui qui montre que l'on cherche à créer des liens avec autrui et celui, méprisant, qui indique la supériorité.

Focus : Le rire des animaux

Le rire (et le sourire) ne serait pas « le propre de l'homme », comme le dit l'adage. Elisabetta Palagi, éthologue à l'université de Pise, explique que « les singes ont des mimiques similaires au sourire et au rire humains ». L'éthologue néerlandais Jan Van Hooff fut le premier scientifique, à partir des années 1960, à étudier le comportement des grands singes, en particulier des orangs-outans, et à décrire la mimique dite « des dents découvertes », qui serait selon lui l'équivalent du sourire humain. Il parle aussi d'une autre mimique, la « figure détendue », qui correspondrait à notre rire : c'est le visage que font les primates quand ils s'amusent vraiment. La présence de ces mimiques chez nos cousins suggère que les expressions proches du rire et du sourire ont une origine évolutionniste très ancienne, que l'on devait retrouver chez nos ancêtres communs, d'après Elisabetta Palagi, « il y a au moins 13 millions d'années, peut-être plus[1] ». Ces dernières années, les scientifiques ont établi que les rats, les dauphins et même les chiens rient…

Sourire est contagieux et rend heureux

Dans les années 80, des scientifiques ont fait une découverte fondamentale : certaines cellules de notre cerveau, nommées « neurones miroirs », s'activent lorsque nous effectuons une action et que nous l'observons quand elle est réalisée par une autre personne. Ces neurones miroirs seraient le fondement de notre capacité à apprendre en observant et en imitant.

1. *Cerveau et psycho*, F. Sgorbissa, 17 juillet 2020, « Les secrets du sourire ».

Ces mécanismes existeraient dans les régions cérébrales liées aux émotions. Nous avons tous, un jour, été contaminés par le fou rire de notre voisin, même si on ne le connaissait pas. C'est la même chose pour le sourire : en une journée, nous sommes capables de reproduire un sourire des centaines de fois, sans nous en rendre compte, parfois uniquement parce que nous le voyons sur le visage d'autrui. Le sourire ne nous sert donc pas seulement d'indicateur de ce que l'autre ressent, mais il nous fait sourire à notre tour.

Le sourire de l'autre non seulement nous pousse à sourire, mais fait naître en nous une émotion : la joie. On parle de « contagion émotionnelle ». Comme l'expression du sourire est produite par les circuits cérébraux qui gèrent l'aspect émotionnel, le simple fait de sourire nous rend plus joyeux.

Sourire pour être en pleine forme

Sourire est aussi un moyen de rester en forme. Eh oui ! Selon les chercheurs de l'université américaine du Connecticut, les personnes dépressives ont un âge biologique plus avancé que leur âge réel. Plus on est dépressif, plus le taux de protéines est élevé. Or ces protéines sont responsables d'inflammations dans notre corps et donc de son vieillissement prématuré.

Sourire, ma marque de fabrique

J'aime sourire. Je dis souvent que c'est mon plus bel accessoire de mode. J'aime cette invitation à la bienveillance et à la joie qu'est le sourire. Qu'il soit timide ou éclatant, il a le pouvoir de réchauffer les cœurs et d'illuminer les visages. Imaginez un monde où chacun arborerait un sourire sincère au quotidien : les rues seraient plus chaleureuses, les interactions plus agréables… Sourire à l'autre, aux autres, crée une chaîne de bienveillance qui se propage, un cercle vertueux où chacun contribue à égayer la journée de l'autre.

Le sourire est même ma marque de fabrique en tant que mannequin. Je me suis amusée, pour les besoins de ce livre, à passer en revue les couvertures de magazines que j'ai faites durant ma carrière : je souris sur quasiment toutes. Les photographes, les directeurs artistiques, veulent que je sourie, parce que c'est comme ça que le public me voit : souriante, naturelle, saine. Je n'ai pas à me forcer : sourire me vient naturellement et c'est ça que les gens ressentent, que mon sourire n'est pas factice. Ce sourire naturel a pris le dessus dans beaucoup de situations, dans le travail comme dans la vie.

Alors sourions à la vie. Et cultivons l'optimisme.

Soyons optimistes !

Plus facile à dire qu'à faire, me direz-vous. Surtout quand l'optimisme n'est pas sa nature. Mais je vais vous montrer à quel point se forcer à ne plus voir la vie en noir est important, aussi bien pour votre santé physique que psychologique.

Qu'est-ce qu'être optimiste ?

Pour celles qui se demandent comment font les copines toujours de bonne humeur, sachez une chose : être optimiste est en partie inné. Mais notre patrimoine génétique ne représente qu'une part de notre faculté à l'optimisme : l'éducation que nous avons reçue et l'environnement dans lequel nous vivons sont aussi primordiaux.

Nous avons tous dans notre entourage cette femme ou cet homme qui semble toujours avoir confiance en ses capacités et qui ne renonce jamais. Face à un événement négatif, l'optimiste est conscient des problèmes qu'il rencontre et tente de les résoudre de manière constructive, car il a confiance en lui. Il ne se dit jamais que c'est sans issue ou qu'il n'y arrivera pas.

Je ne me pensais pas la plus optimiste des optimistes, mais j'ai pu constater il y a peu de temps à quel point croire en ses capacités sans s'affoler était efficace. En quelques mois, j'ai changé de vie : j'ai déménagé deux fois, installé mon fils dans une nouvelle école loin de ses amis… Devant la montagne de « détails » à régler, je ne me suis jamais démontée. Je savais que ça allait être difficile, fatigant, déstabilisant, mais j'ai une devise qui fonctionne assez bien : « Quand on le décide, on peut. Il faut oser ! » Eh bien, j'ai voulu très fort, du plus profond de mon cœur, et j'ai pu. Ce n'est pas une question de moyens ou d'argent : nous avons tous la même capacité d'agir. Seule la santé peut nous empêcher. Ce sont nos choix qui changent notre parcours de vie.

D'où vient l'optimisme ?

Pourquoi certaines personnes voient-elles le verre à moitié plein, tandis que d'autres ne peuvent s'empêcher de le voir à moitié vide ? Tout d'abord, les gènes semblent donc jouer un rôle : si on demande à de vrais jumeaux d'interpréter un événement, ils donnent en général des explications qui se ressemblent.

Ce que les adultes enseignent aux enfants est aussi très important : en tant que parent, ne pas critiquer son enfant, lui proposer à chaque situation une approche constructive lui permet de comprendre qu'il peut s'améliorer et qu'il n'est pas fondamentalement mauvais. L'enfant a plus confiance en ses possibilités et aura moins tendance à être pessimiste.

Les enseignants aussi ont une influence sur le développement de l'optimisme. Nous en avons tous fait l'expérience au moins une fois à l'école : un enseignant bienveillant, qui nous encourage et nous félicite, nous donne bien plus confiance en nous qu'un autre qui nous critique, nous rabaisse, et est capable de nous faire aimer sa matière plus que toutes les autres.

Les médias exercent enfin une influence importante sur l'optimisme. Nous en sommes malheureusement les témoins permanents : les guerres, le réchauffement climatique et les catastrophes naturelles sont autant d'informations qui nous inquiètent. Difficile de garder le moral et de ne pas se sentir menacés quand on nous présente un monde dangereux, sur lequel nous n'avons aucun contrôle. Bien sûr que nous devons savoir, être informés. Je suis convaincue que c'est ainsi que nous pourrons agir en conscience pour notre bien et celui de la planète. Mais plutôt que de faire le buzz avec des scoops sensationnalistes, des images chocs et la répétition incessante d'informations anxiogènes qui exacerbent la peur, exigeons des médias qu'ils privilégient l'explication, afin de rendre le monde moins imprévisible et moins catastrophique. Et nous, ne restons pas passifs : pour ne plus avoir peur, soyons optimistes et agissons !

Les optimistes vivent en meilleure santé plus longtemps et sont plus heureux

Les optimistes sont en général plus heureux que la moyenne des gens, même lorsqu'ils sont confrontés à des situations difficiles. Par exemple, les femmes optimistes souffrent moins souvent de dépression post-partum et sont moins affectées lorsqu'elles sont opérées d'un cancer du sein. Pourquoi ? Parce que les optimistes gèrent les situations difficiles en cherchant des moyens pour les résoudre, sans les nier, au contraire des pessimistes qui utilisent surtout des stratégies d'évitement, essaient souvent d'occulter les problèmes et n'ont pas confiance en leurs capacités à les résoudre, d'autant plus que nous savons aujourd'hui que nous sommes partie prenante de notre guérison.

C'est en lisant le livre de Gilbert Deray, *Choisissez votre destin génétique*[1], que j'ai appris qu'être optimiste diminuait le risque de démence de 30 %, d'accident cardiovasculaire de 39 %, d'infection de 52 %. Des études ont en effet montré que les optimistes ont tendance à avoir des défenses immunitaires plus efficaces que la moyenne, et certains résultats laissent même supposer que les optimistes vivraient plus longtemps. La raison ? Nous sommes traversés par environ 70 000 pen-

1. Fayard, 2018.

sées par jour ; si elles sont en majorité négatives, le résultat sera sans appel : inflammation généralisée de notre corps, taux de cortisol au taquet, oxydation par le stress, immunité en berne, et surtout nos télomères, garants de notre longévité, réduits au strict minimum…

Comment devenir optimiste ?

C'est surtout le stress – encore lui –, qui rend pessimiste. Or, avec les modifications que nous connaissons, nous, les femmes, durant la ménopause, pas étonnant que nous nous trouvions déprimées et que nous ayons parfois du mal à nous réjouir.

Pour réduire le stress et reprendre goût à la vie, nous avons deux leviers majeurs : modifier notre environnement et prendre soin de nous. En effet, nous vivons dans des sociétés de plus en plus individualistes, et la solitude est souvent un drame quand elle n'est pas voulue. Elle empêche tout désir d'avenir et aggrave la maladie, voire la provoque. Le remède est simple : côtoyons des personnes heureuses de vivre qui donnent de l'énergie que nous pourrons diffuser à notre tour. « Tout seul, je vais vite, ensemble, on va loin », dit le proverbe africain. Alors lâchons nos smartphones, désactivons les notifications Instagram, Facebook et LinkedIn, et voyons nos amis de chair et d'os.

Seul un être humain distrait, fait rire, console, rassure et donne du plaisir…

Optimiste, mais pas naïf

Doit-on être optimiste en toutes circonstances ? Certains jours, quand le réveil sonne, que je n'ai pas très bien dormi, j'ai du mal à me réjouir de la journée qui s'annonce : trop de rendez-vous, trop de soucis à régler, un temps maussade… Même si, la plupart du temps, je tente de me motiver à rester positive, à me répéter que la journée va bien se passer, que demain est un autre jour, il arrive que j'échoue. Or le pessimisme peut avoir quelques vertus : par exemple, il a permis à nos ancêtres de survivre en anticipant, en se préparant à un éventuel danger. Ainsi, il aide à relativiser la déception qu'on éprouve quand on doit reconnaître qu'on ne pourra atteindre l'objectif qu'on s'était fixé.

Alors ne culpabilisons pas d'être un peu déprimé de temps à autre, et acceptons ces moments où notre moral n'est pas au beau fixe plutôt que d'essayer d'être optimistes à tout prix[1].

---

1. M. Forgeard et M. Seligman, « Pour que le verre soit toujours à moitié plein », *L'Essentiel* Cerveau & Psycho, 15 mai 2013.

« Rire est le propre de l'homme »

Que serait la vie sans les éclats de rire ? Sans les larmes de joie qui coulent parfois sur nos joues ? Quand on prend de l'âge, rire est primordial pour continuer d'avancer en bonne santé physique et mentale.

Comment fonctionne le rire ?

Le rire est le résultat d'un processus biologique impliquant le système nerveux et le système musculaire. C'est comme une onde qui part des muscles des joues, descend dans les bras, jusque dans les cuisses, sollicitant nos muscles respiratoires et notre larynx, notre visage et notre bouche, parfois même nos abdominaux.

Le rire, un traitement contre la maladie et la douleur

J'ai été très touchée, en effectuant mes recherches pour ce livre, par l'histoire de Norman Cousins. En 1964, ce chercheur, spécialisé dans l'étude biochimique des émotions humaines, a appris qu'il souffrait d'une spondylarthrite ankylosante, maladie évolutive grave, qui lui promettait une mort rapide dans d'atroces souffrances. Cousins était convaincu que les émotions négatives comme le stress étaient associées à des phénomènes physiologiques négatifs et qu'à l'inverse les émotions positives comme le rire pouvaient avoir un effet physiologique positif. Il choisit de s'offrir une séance de vidéos et d'émissions humoristiques chaque jour en plus du traitement médicamenteux. Le rire a réduit ses douleurs en produisant des endorphines, au point qu'il déclara que « l'humour » est « un anesthésique naturel » et que rire dix minutes par jour lui permettait de « gagner deux heures quotidiennes de sommeil sans douleur ». Et grâce à ce traitement il vécut vingt-cinq années de plus[1] !

Depuis, les études ont démontré les effets psychologiques et physiologiques du rire : il réduit le stress et l'anxiété en diminuant le niveau de cortisol et d'épinéphrine, et augmente la dopamine, entraînant une stimulation de la participation, de la motivation, et l'amélioration des interactions sociales.

Le rire permet aussi la production d'endorphines, qui agissent contre la douleur, et augmente la fabrication, dans le cerveau, de trois neuromédiateurs : l'acétylcholine, la dopamine et la sérotonine, qui permettent à l'influx nerveux de passer d'un neurone à l'autre. Le rire va donc être

1. Sylvie Chokron, « Rire, c'est bon pour le cerveau », *Cerveau & Psycho*, 17 février 2021.

bénéfique pour tout ce qui relève des maladies dégénératives de la mémoire.

Les bienfaits du rire sur notre santé physique

Le rire est un exercice très complet qui implique une vraie gymnastique du corps. Au point que nous avons vu apparaître en France ces dernières années une discipline appelée le « yoga du rire ».

Le rire permet de lutter contre le stress, vous l'avez compris, car en riant nous sécrétons des endorphines, détendons nos muscles et oxygénons notre cerveau, favorisant la relaxation et la détente.

Il stimule le système immunitaire en augmentant le taux d'anticorps et permet de lutter contre les maladies des voies ORL, les maladies cardiovasculaires, les maladies chroniques et les maladies psychologiques telles que la dépression.

Enfin, le rire favorise aussi une bonne circulation sanguine et améliore l'oxygénation du cœur. Il a même été constaté que, au bout de quelques minutes, le rire entraîne une diminution de la tension artérielle. En cela, le rire est bon pour le cœur : il provoque un ralentissement du rythme cardiaque, un relâchement des vaisseaux et une détente musculaire.

Le rire et la santé mentale

Le rire a, bien sûr, un impact sur notre santé mentale. En réduisant les symptômes de l'anxiété et de la dépression, il améliore notre humeur et renforce notre capacité à gérer, nous adapter et nous remettre de situations émotionnellement éprouvantes.

Le rire met aussi la peur à distance et permet de dédramatiser des situations très chargées en émotion. Lors de la cérémonie de commémoration du décès de ma maman, un an après son départ, mon oncle, en se dirigeant vers l'autel, a failli s'étaler de tout son long dans l'allée centrale. Un fou rire m'a alors saisie, incontrôlable, qui s'est ensuite propagé à mon cousin à côté de moi puis à toute la rangée. J'ai ensuite vécu ce moment douloureux avec moins de lourdeur.

Rire avec d'autres personnes est un moment de partage dont on se souvient avec plaisir. Par conséquent, le rire crée un lien social, favorise le partage d'émotions positives et renforce les relations avec les autres.

Rire permet enfin d'affronter les difficultés de la vie plus sereinement. « Souris puisque c'est grave », dit l'adage. Il donne aussi confiance : savoir rire de soi avec bienveillance est excellent pour booster l'estime de soi.

Sourire

*

Sourire, rire, être optimiste, est précieux pour notre santé physique, émotionnelle et mentale, surtout lorsque nous avançons en âge et sommes confrontés aux aléas de la vie. Alors, souriez autant que possible, partagez des moments de joie avec vos proches, profitez des bienfaits du rire et croyez au plus profond de vous-même en l'avenir.

Chapitre 8

Se plaire

Vaste sujet, n'est-ce pas ? Se plaît-on un jour vraiment ? Je suis sûre d'une chose : notre corps, celui que nous habitons, celui qui nous enveloppe, est le seul que nous aurons jamais. Alors autant cohabiter le plus sereinement possible avec lui. Comment ? En se sentant bien dans ses vêtements, en adoptant la coiffure qui nous va le mieux et des accessoires qui nous mettent en valeur.

Trouver son style

Afficher un look, c'est montrer ce qu'on veut que les autres sachent de nous, en dire beaucoup en en dévoilant parfois très peu. Notre look peut être affirmé ou neutre, représenter notre milieu social, professionnel ou au contraire exposer au monde notre originalité, notre refus des conventions.

Mais un look, c'est aussi le reflet de notre temps, de notre société : pas de look sans la mode. Et la mode a un impact très important sur la perception que nous avons de nous-mêmes : elle influe sur l'estime de soi. Parfois en bien, parfois en mal. Nous nous percevons par rapport aux tendances et aux icones qui les véhiculent. Je peux d'autant plus librement en parler que je connais bien ce processus. Rares sont celles et ceux qui ne sont pas du tout impactés par la mode et ses diktats, plus encore aujourd'hui avec les réseaux sociaux. Le plus souvent, nous suivons les tendances pour être dans la norme, pour nous sentir acceptés et valorisés. Il n'y a qu'à regarder dans la rue : nous sommes toutes et tous habillés pareil. C'est encore plus flagrant chez les adolescents, qui sont tous copiés-collés. Mais ce besoin d'appartenance à un groupe, dont on fait ou dont on voudrait faire partie, nous fait parfois perdre notre originalité, notre individualité, et peut nous plonger dans un grand désarroi lorsque, pour des raisons matérielles ou physiques, nous ne pouvons accéder au look de nos rêves.

Trouvez votre style : c'est le meilleur conseil que je peux vous donner. Il n'y a rien de mieux pour renforcer la confiance en soi. La société cherche à nous uniformiser en nous faisant croire que sans tel sac, telles chaussures ou telle robe, nous n'aurons aucune valeur sociale. C'est faux :

rien de mieux pour s'affirmer et exprimer sa personnalité que de porter les vêtements qui nous plaisent vraiment et nous mettent en valeur, comme des pièces ayant appartenu à nos parents, nos grands-parents.

Trouver son style prend en compte plusieurs critères : ses goûts, ses valeurs, l'image que nous souhaitons renvoyer, et, surtout, comment nous nous sentons une fois le vêtement sur nous. Pas question de céder aux sirènes d'une tendance si elle ne nous va pas ! Perte de confiance en soi assurée... Utilisons les vêtements comme autant d'atouts pour nous mettre en valeur, pour exprimer notre humeur : portons du rose fuchsia, même en plein hiver, alors que la mode est au kaki ! Pour le look comme pour de nombreux moments de notre vie, faisons-nous confiance et suivons notre instinct.

Un look à son image

Adopter un look qui nous satisfait demande de bien se connaître. Avec le temps qui passe, on aimerait toutes se dire que ça y est, on se connaît par cœur, on sait désormais exactement ce qui nous va ou non, les couleurs qui nous flattent, les formes qui nous conviennent. Mais ce n'est pas si simple ! D'abord, notre corps change au cours de la vie. La silhouette à laquelle nous nous étions habituées se modifie à l'approche de la ménopause : quelques kilos qui s'installent sur les hanches, une taille plus épaisse, un décolleté un peu plus ridé, la peau des bras un peu moins ferme… Notre visage aussi marque le passage du temps, nos cheveux de même. Nous devons donc encore une fois faire preuve d'une grande capacité d'adaptation et parfois revoir nos critères de choix vestimentaires.

Depuis des années, j'ai dans mon placard des vêtements de couturiers avec lesquels j'ai travaillé, dans lesquels je rentrais jusqu'à il y a encore deux ans. Aujourd'hui, il faut que j'accepte que certains ne sont plus pour moi. Je ne rentre plus dedans, tout simplement. Mon corps a changé. Je ne suis pas en train de vous dire de vous laisser aller, mais de prendre en compte sans jugement les modifications que le corps de la femme subit avec le temps.

Pour autant, faut-il le look de son âge ? Que signifie d'ailleurs avoir un style correspondant à l'âge que l'on a ? Je ne suis pas sûre de savoir répondre à cette question. Je me souviens que, adolescente, je trouvais ma mère très bien habillée, toujours très élégante. Mais il ne me serait jamais venu à l'idée de me servir dans ses placards et mettre ses vêtements. Mes filles, elles, l'ont fait. Le gap entre mère et fille est moins grand à notre

Avec ma maman.

Complicité et douceur avec mes filles Ilona et Emma.

Premier bain de mer
en Normandie.

À Noël, avec ma grand-mère
maternelle, ma maman,
mon adorable marraine
Fabienne et sa fille Valérie.

À 8 ans, en danseus
dans ma chambre

Avec mes parents au Club Med en Espagne.

Ma maman à cheval.

Week-end normand à la campagne avec mes parents.

À 10 ans, au restaurant
Le Bistrot en Guadeloupe.

Baignade à la plage de La Caravelle, en Guadeloupe,
avec ma « deuxième maman » Martine et sa fille Valérie.

La dynastie Lefébure :
mon grand-père René, mon papa et moi.

À Tôtes, avec mon bébé chien Luron.

En voyages de noces de coton
avec David à Bora-Bora.

Avec mon cousin
Ludovic
au Bec-Hellouin.

Avec Salehan,
une de mes trois
« fées » et mon hôte
dans son village
samburu au Kenya.

Tendres moments avec mon fils Giuliano.

Avec mon petit-fils Harrison déjà amoureux de la mer.

époque qu'à celle de nos parents. Certaines marques ont d'ailleurs fait de ce rapprochement un argument marketing et ont axé leur campagne de publicité sur cette tendance mode qui consiste à créer des collections destinées aussi bien aux mères qu'aux filles.

Ce dont je suis certaine, en revanche, c'est que je suis absolument contre l'idée de vouloir rester jeune à tout prix, et ça passe aussi par le look. Certaines tenues sont à éviter à la cinquantaine. Je n'en dresserai pas la liste car elles dépendent en grande partie de nos envies, de notre silhouette, d'une dose de bon sens : est-ce que je suis à mon avantage avec cette jupe très courte ? Ce décolleté très profond est-il vraiment saillant ? Est-ce que ce haut sans manches me met réellement en valeur ? Répondre à des questions de ce genre peut avoir un double intérêt : trouver le style qui nous correspond et... débarrasser nos placards de tous les vêtements superflus !

Attention cependant à l'excès de zèle : avec le temps, on a tendance à s'effacer, à se fondre dans la masse. On n'ose pas les couleurs vives, on privilégie le noir et le gris. Pourquoi ? Parce qu'on n'assume pas son âge. Si ce pull orange vous plaît toujours autant, portez-le comme une pièce forte de votre look, et surtout assumez-le. On peut très bien assumer son âge sans en rajouter. Tout est une question d'équilibre.

Soignons nos cheveux

Avant de me mettre à l'écriture de ce livre, j'ai effectué des recherches sur la coiffure. J'ai par exemple tapé dans la barre de mon moteur de recherche : « Quelle coupe de cheveux après 50 ans ? » Les propositions que j'ai découvertes m'ont laissée pour le moins perplexe, car elles étaient unanimes : après 50 ans, les coupes doivent être courtes et déstructurées. Je n'ai pu m'empêcher de sourire quand je me suis regardée dans le miroir de ma salle de bains ce matin et que j'ai brossé mes longs cheveux blonds…

En tant que fille de coiffeuse, je sais que les choses ne sont pas aussi simplistes ! J'en suis la preuve vivante. Et je ne suis pas la seule : regardez Monica Bellucci, Cindy Crawford, Catherine Deneuve et sa fille Chiara Mastroianni, Julianne Moore, Julia Roberts… Je pourrais multiplier les exemples. Comme pour notre style, ne suivons pas bêtement les injonctions des réseaux sociaux ou d'Internet. Mettez votre tête dans les mains d'un professionnel qui saura, suivant la forme de votre visage, la nature de vos cheveux, votre carnation, votre style et vos envies, trouver la coupe qui vous correspondra le mieux.

Cependant, avec l'âge, la texture du cheveu se modifie. La faute encore une fois aux hormones. Les œstrogènes favorisent la croissance de notre chevelure et protègent le follicule pileux. Lorsque la ménopause s'installe, la chute brutale du taux d'œstrogènes altère la durée de vie des cheveux, qui deviennent plus fins, repoussent moins vite et de moins bonne qualité, et tombent plus qu'avant. Et la repousse des cheveux blancs génère des démangeaisons peu agréables sur le cuir chevelu...

Comment faire pour conserver de beaux cheveux dans ces conditions ? Par l'alimentation, toujours. Pour rester forts, nos cheveux ont besoin de protéines, qui entrent dans la fabrication de la kératine, le composant principal des ongles et des cheveux. Mais comme ces derniers ne sont pas vitaux, la protéine se dirige d'abord vers les organes importants et notre chevelure ne récupère que les restes. Donc ajoutez des sources de protéines dans votre alimentation lorsque vous constatez que vos cheveux deviennent cassants, comme des lentilles.

Le fer joue un rôle dans l'oxygénation des follicules pileux et permet la pousse de cheveux en bonne santé. Là encore, les lentilles sont un aliment de choix.

Le silicium, moins connu mais tout aussi important, donne du tonus aux cheveux. On en trouve dans les céréales complètes – le son, le riz complet, le blé complet, l'orge, l'avoine, l'épeautre –, les légumineuses et les légumes – les haricots blancs et verts, les lentilles, la laitue, les navets, les concombres, les épinards, les petits pois frais, les champignons et les radis –, les fruits à coque et séchés – les amandes, les pistaches, les noix du Brésil, les noix de cajou, les noix de coco et les dattes séchées –, les fruits frais – les pommes, les coings, les bananes, les mûres, les raisins, les myrtilles et les agrumes –, et certains condiments, comme le persil, l'ail, l'échalote, l'oignon et les olives.

Les vitamines A, C et E, enfin, sont essentielles pour la pousse, la force des cheveux et la production de sébum. Pour en faire le plein, consommez des carottes, des patates douces, des poivrons et des avocats.

N'oubliez pas non plus de bien rincer votre chevelure après les bains de mer : lorsque je pars en plongée, je les attache en natte et je les rince soigneusement à l'eau claire. Et utilisez une gamme de shampooings et après-shampooings adaptée à la nature de vos cheveux. Attention cependant aux shampooings trop parfumés, trop spécifiques, qui comportent souvent des produits nocifs pour nous comme pour la planète.

L'importance des accessoires

J'ai toujours aimé miser sur un accessoire fort, quel que soit mon look. Aujourd'hui encore, j'ai un accessoire fétiche qui ne me quitte pas : mes lunettes de vue ! Je les assume totalement : comme beaucoup de gens de mon âge, je suis presbyte et j'ai besoin d'une correction pour voir de près. J'ai donc choisi avec plaisir des montures adaptées à mon visage.

Pour moi, l'accessoire fait tout : s'approprier un sac vintage de sa mère ou de sa grand-mère, une paire de chaussures originales qui devient le point fort d'un look basique, une belle broche en bakélite, un bijou qui a une valeur sentimentale, rien de tel pour pimper un look. L'accessoire remplace le maquillage, qu'on doit alléger avec l'âge.

Chapitre 9

Dorloter

J'ai sciemment choisi ce verbe pour sa connotation bienveillante. Quand on dorlote quelqu'un, on le fait avec tendresse, avec affection, avec délicatesse. C'est ce dont il sera question dans ce chapitre : traiter avec le plus de considération possible son corps et son esprit. Prendre soin de sa peau, mais aussi de son moral, c'est cela, se dorloter. Or, avec le temps qui passe et les modifications physiologiques que nous subissons, il est important d'apprendre à décrypter les signes et d'adapter au mieux notre façon de prendre soin de nous, de notre enveloppe si précieuse, afin de profiter de la vie de la meilleure façon possible.

La peau, notre plus bel habit

J'ai consacré une partie entière de mon livre *Vivre au rythme de son cœur* à la peau. Il y a une phrase que j'aime, car pour moi elle dit tout : « La peau est la porte d'entrée de nos émotions, l'avant-poste de nos trois cerveaux[1]. » C'est dire l'importance de cet organe. Car oui, la peau est bien un organe. C'est aussi la première barrière de protection de notre organisme. C'est enfin la couche extérieure de notre enveloppe corporelle, ce que nous montrons de nous en premier. Trois bonnes raisons de la dorloter.

La peau, un organe hors du commun

Il y a encore un siècle, la médecine considérait la peau comme un revêtement corporel, au mieux une barrière de protection contre les bactéries, le chaud et le froid. Elle ne faisait pas peur, car, contrairement au cerveau ou au cœur, qui, s'ils déraillent, nous tuent, les affections qui la concernent étaient sans réelle conséquence.

Aujourd'hui, la recherche a fait des progrès considérables et nous savons désormais que la peau remplit différentes fonctions vitales :

– De protection : contre l'environnement, contre la déshydratation, contre les rayons solaires ;

– De perception et de sensibilité, grâce aux nombreuses terminaisons nerveuses dont elle est munie ;

1. Flammarion, 2019, *op. cit.*

– Dans le métabolisme général : par la transpiration, elle régule la température du corps et elle synthétise la vitamine D que nous apportent les rayons du soleil ;

– Dans notre vie sociale : elle est un élément de notre « représentation sociétale majeure ».

Elle est aussi le reflet de notre état psychique : de nombreuses maladies de peau sont induites par le stress, la fatigue…

Le microbiote cutané

Chaque peau est unique et caractérise l'individu qu'elle enveloppe. La raison est désormais bien connue : c'est encore une fois une histoire de microbiote.

La peau a sa propre flore cutanée ou « microflore », c'est-à-dire une communauté de plus de 1 million de bactéries, de champignons et de virus, qui constitue une protection contre l'inflammation de la peau et les bactéries responsables des maladies.

Nous possédons la quasi-totalité des organismes qui composent le microbiote cutané dès nos premières minutes de vie : en naissant par voie basse, c'est-à-dire hors césarienne, nous venons au monde avec le même microbiote que notre maman. Mais pas d'inquiétude pour les autres : ils récupèrent les micro-organismes de ceux qui les manipulent dès leur sortie.

La base du microbiote cutané est la même pour tous et toutes, il évolue en fonction de notre environnement, de notre âge, de notre façon de nous alimenter et de notre état de santé. Il est primordial pour la défense immunitaire ; c'est pourquoi il doit être le plus équilibré possible pour jouer au mieux son rôle protecteur. Un changement dans le microbiote cutané, ou dysbiose, entraîne toujours une réaction immunitaire et une inflammation. C'est le cas par exemple de l'acné, la dermite atopique ou le psoriasis. Attention à ne pas vous laver trop souvent ou avec des produits trop abrasifs : cela pourrait altérer l'équilibre chimique de votre peau et la rendre malade.

L'axe intestin-peau

L'intestin et la peau sont physiquement très éloignés l'un de l'autre mais très proches à plusieurs niveaux, notamment celui du microbiote : tous les deux en possèdent un essentiel à notre vie en bonne santé.

La médecine parle même d'axe intestin-peau : un mauvais microbiote intestinal entraîne des affections cutanées. L'immunité du corps, donc de notre peau, est fortement influencée par les bactéries de l'intestin. À l'inverse, l'absorption des nutriments par la bouche a un effet direct sur la peau, mais aussi un effet indirect par le biais hormonal. Prenons un exemple simple : le fait de manger des carottes, par le bêtacarotène qu'elles contiennent, prévient l'apparition des coups de soleil sur la peau.

De la même façon que la dysbiose cutanée impacte notre peau, la dysbiose intestinale est elle aussi impliquée dans l'apparition ou l'exacerbation de nombreuses maladies de peau : l'eczéma, l'acné, le psoriasis, le vitiligo, les pellicules, la rosacée ou la couperose, les taches pigmentaires…

Un organe soumis aux modifications hormonales

Sous l'action des œstrogènes, les fibroblastes, aussi appelées cellules de soutien, présents dans le derme, synthétisent plus de fibres de collagène, d'élastine et d'acide hyaluronique, et permettent ainsi à notre peau d'être plus dense et plus ferme. De plus, les œstrogènes augmentent le nombre de kératinocytes, dont le rôle est de synthétiser la kératine, une protéine qui protège la peau.

Le rôle de la progestérone au niveau de la peau est en revanche encore mal connu. Il est cependant certain qu'elle empêche les androgènes, des hormones sexuelles, de proliférer et que des caractères sexuels masculins se développent chez les femmes.

On comprend donc mieux comment l'arrêt de la production de ces deux hormones lors de la ménopause impacte notre peau : elle s'affine et perd en souplesse, en élasticité et en fermeté. De plus, sous l'effet de la perte en acide hyaluronique et des glandes sébacées moins actives, elle se déshydrate et devient plus sensible aux agressions extérieures. Enfin, le taux d'androgènes augmentant, nous voyons apparaître des poils indésirables au niveau du visage et nous perdons plus de cheveux qu'avant…

Comment retrouver une peau éclatante

La peau est le baromètre de notre état général, et encore plus en vieillissant. Il nous faut donc en prendre le plus grand soin. Voici mes huit conseils pour une peau en pleine santé, quel que soit son âge :

– Bien hydrater avec une crème de jour adaptée.

– Boire 1,8 litre d'eau par jour minimum.

– Adopter des aliments hydratants comme le tahini (la purée de sésame) blanc ou grillé, les graines de chanvre, les noix de cajou, les épinards, les brocolis, les courgettes, les tomates, les champignons, le chou-fleur et la pastèque.

– Utiliser quotidiennement une crème de jour avec un indice de protection solaire, été comme hiver. L'été, exposez-vous aux heures les moins chaudes, et, le reste du temps, protégez-vous à l'aide de vêtements légers et d'un chapeau.

– Quelle que soit son heure de coucher, se démaquiller chaque soir (et non pas le matin).

– Bien dormir (si possible s'endormir avant minuit).

– Éviter les excès d'alcool et bannir le tabac.

– Fabriquer soi-même son propre bouillon de collagène[1] pour se supplémenter naturellement, avec les carcasses de poulet ou les têtes de poisson, que l'on pourra utiliser ensuite seul ou comme eau de cuisson des pâtes ou du riz.

– Enfin, rien n'est meilleur pour la peau que la joie de vivre, le bonheur, la pensée positive. L'aigreur et les rancœurs sont très mauvaises pour le teint…

Mais avec le temps qui passe, nous venons de le voir, la peau peut paraître plus terne, plus réactive, plus déshydratée, plus sensible. Regardez-vous, observez-vous. Écoutez-vous. Et adaptez votre routine, ou adoptez-en une si ce n'était pas le cas auparavant. Là encore, il n'est jamais trop tard pour commencer à prendre de bonnes habitudes.

Nous pouvons agir sur la santé de notre peau en modifiant notre alimentation, et en privilégiant les aliments riches en vitamines A, B, C et E et en oméga 3. La vitamine A, antioxydant majeur,

---

1. Voir le livret de recettes en fin d'ouvrage pour la recette complète.

permet de lutter contre le vieillissement ; la B, notamment la B5, assure une bonne hydratation de notre peau ; la C agit sur notre système immunitaire, mais aussi sur notre peau en luttant elle aussi contre le vieillissement cutané, les rides et les imperfections dues au soleil ; la E est précieuse à l'arrivée de la ménopause car elle restaure le film lipidique qui la recouvre et lui redonne de l'élasticité. Quant aux oméga, les 3 contribuent à maintenir le pH de la peau et à prévenir les infections, et les 6 participent à l'hydratation de la peau en formant une barrière protectrice contre la perte d'eau.

Voici les aliments que je privilégie lorsque c'est la saison : le poivron jaune, riche en vitamine C, l'avocat, riche en vitamines C, B, E ; la carotte, riche en vitamine A ; l'œuf, dont le jaune contient des vitamines du groupe B ; l'huile d'avocat, parfaitement équilibrée en acides gras essentiels. Misez aussi la couleur : papayes, cassis, fraises, oranges et kiwis, sont riches en vitamine C. Faites une place de choix aux légumineuses, aux graines, aux légumes (patate douce, citrouille, épinards, laitue, champignons). Enfin, évitez à tout prix le tabac, la caféine à outrance, qui déshydrate, l'alcool, la charcuterie, les fritures et le sucre blanc, pour conserver une belle peau à la ménopause.

Un dernier conseil : une activité physique pratiquée régulièrement permet de nettoyer la peau et forcer les cellules à fabriquer du collagène et de l'élastine grâce à la transpiration.

Bien dans sa peau : mes conseils beauté

Durant toute ma carrière de mannequin, j'ai côtoyé des experts en soins, en maquillage, qui m'ont délivré les meilleurs conseils. J'ai aussi toujours apporté beaucoup de soin au choix des produits que j'utilise. J'ai enfin la chance d'avoir un bon « patrimoine génétique » – ma mère avait une très belle peau –, mais aussi d'avoir croisé des femmes plus âgées incroyablement rayonnantes qui m'ont confié leurs secrets. Rien de révolutionnaire pourtant dans leurs révélations ; en revanche, beaucoup de bon sens et de simplicité, avec un maître mot : dorloter.

Mes conseils pour une peau saine

Commençons par profiter des changements liés à l'âge et au temps qui passe pour supprimer de nos étagères les soins abrasifs, du corps comme du visage. Par exemple, remplaçons l'eau micellaire, trop agressive pour les peaux dites « matures », par des hydrolats. Ces eaux sont obtenues après distillation d'une matière première naturelle, généralement végétale. Les eaux de bleuet, de rose de lavande sont souvent utilisées pour leurs propriétés hydratantes et décongestionnantes. Depuis quelques années, j'ai découvert le moringa, sous forme d'eau florale, une plante qui pousse facilement dans les zones tropicales et qui a de nombreuses vertus, notamment celle d'apaiser ma peau devenue très sensible.

Personnellement, je me démaquille tous les soirs, même lorsque je n'ai mis que de la crème solaire, en alternant les laits, les huiles ou les mousses. J'applique ensuite une pellicule d'eau hydratante en bombe pour enlever mes résidus de démaquillant, que j'essuie en tapotant avec une serviette.

De même, j'utilise peu d'instruments, hormis le rouleau de jade, quand mes traits sont très fatigués, toujours avec une huile ou une crème, avec une grande précaution et une grande délicatesse. Il donne un effet fraîcheur intéressant. En revanche, je ne me sers pas du gua sha. Il demande une technique précise, que je n'ai pas. Je préfère confier mon visage à un professionnel du massage ou du soin, ou encore à un dermatologue. Et puis, n'oublions pas que notre microbiote bosse pour nous, pas la peine d'en faire trop et de devenir contreproductive. En revanche, j'ai découvert les bienfaits de la gymnastique du visage pour atténuer les sillons le long de la bouche et les rides du lion. À faire tous les matins devant son miroir, résultats garantis.

Concernant le corps, comme mon visage et mon décolleté, je l'hydrate et le protège du soleil autant que je peux. Lors de mes voyages, j'ai découvert l'huile de coco, un produit superhydratant, que j'ai la chance d'acheter en Guadeloupe ou en Afrique, directement chez le producteur.

J'en profite pour ouvrir une parenthèse : je suis tout à fait consciente du fait que consommer à outrance ce genre de produits entraîne une déforestation inadmissible, des palmiers notamment. Contre ce fléau, je n'ai qu'un credo : consommez écoresponsable.

Je suis devenue une grande adepte de la douche fraîche, des pieds vers la tête. Hormis la réaction de la peau qui se tend sous l'effet du froid, c'est excellent pour les neurones. J'adore aussi me passer de l'eau très froide sur la tête. Non seulement ça me réveille – c'est scientifiquement prouvé, l'eau très froide crée un « choc » bénéfique sur les neurones –, mais ça referme les écailles du cheveu.

Ouvrons d'ailleurs une parenthèse capillaire : je ne suis pas encore prête à laisser un blanc, si soyeux et lumineux soit-il, prendre possession de mon crâne. Je trouve que les cheveux argentés vont particulièrement bien à certaines femmes, mais je me préfère encore blonde. Je me rends donc régulièrement chez le coiffeur. J'ai toujours pris grand soin de mes cheveux, mis à mal par de trop nombreux séchages et brushing pour les shootings. Mes cheveux aussi, je les hydrate beaucoup, avec des gammes de produits adaptés, idéalement bios. J'essaie de ne pas abuser du sèche-cheveux, et, dès que je le peux, je les laisse sécher à l'air libre et surtout je ne les frotte pas avec une serviette.

Avec l'âge, mais aussi aux changements de saison et avec le stress, le cheveu devient plus sec, plus terne, plus rare aussi. Il m'arrive donc de stimuler la pousse par des cures d'ampoules. De même, le cheveu blanchit, et sa texture se modifie : le cheveu blanc est plus épais et peut démanger le cuir chevelu. Il existe des shampooings apaisants, prenez conseil auprès de votre coiffeur.

Jouer avec le maquillage

Rien de tel qu'un joli maquillage pour mettre en valeur son visage. En suivant un premier conseil : plus on vieillit, moins on en met. Un maquillage trop marqué accentue les rides, l'affaissement. La solution ? Ajuster sa technique.

Pour moi, un maquillage réussi est celui qui donne bonne mine et ouvre le regard. Avec l'âge, plus d'eye-liner, ça écrase les paupières. Et si vous l'étirez sur les ridules de l'œil… c'est la catastrophe assurée. Je préfère le ras de cil. Misons sur le mascara. Moi, j'aime bien qu'il se voie : je le choisis donc noir. De même, ayons la main

– très – légère sur le fard à paupières, qu'on estompe à mort, et surtout, jamais d'irisé, qui marque trop les ridules autour de l'œil. C'est ma maman qui m'a délivré ce conseil : avec l'irisé, la peau fripée apparaît encore plus abîmée car la zone prend plus la lumière. On peut aussi jouer avec le dessin des sourcils. Personnellement, je ne suis pas fan du tout du sourcil très épais, fourni façon « forêt ». Je préfère là encore la discrétion : un sourcil net, précis, présent sans être agressif est pour moi le comble de l'élégance.

Je suis aussi adepte du blush, que je choisis en crème et non en poudre, pour pouvoir le mettre partout : sur les pommettes – bien sur l'os, et non plus dessous, pour un effet optimal –, mais aussi les paupières et les lèvres. Privilégiez le rose orangé pour l'effet « bonne mine ». Plusieurs produits ont ma préférence : Bobby Brown, Pot rouge Calypso Coral n° 40, Boom ! Beauty by Cindy Joseph, le Boom Stick glow, et les produits Fred Mécène[1]. Et si vous n'avez rien sous la main, pincez-vous le haut de la pommette. Effet bonne mine assuré…

Quant au rouge à lèvres, pourquoi pas, mais là encore, jouons sur la légèreté et la nuance. Un très beau rouge, c'est toujours magnifique. Mais s'il bave, il accentuera les ridules autour de la bouche. Un trait de crayon d'un ton plus clair – jamais plus

1. www.fredmecene.com.

foncé – permettra de délimiter l'espace dédié au rouge à lèvres et éviter les débordements. Pour limiter l'apparition du dessèchement des lèvres et de son pourtour – les fameuses ridules –, je les protège avec un stick hydratant. De même, j'évite les produits trop agressifs. Je suis effarée par cette drôle de mode concernant les gloss « effet pulpant ». Quelle catastrophe ! On ne sait pas grand-chose sur leur composition, si ce n'est qu'ils piquent tellement nos lèvres qu'elles gonflent... Ne mettons pas n'importe quoi à l'entrée de notre bouche.

Faire les pieds, moins les mains

Je n'ai jamais vraiment pris soin de mes mains. Elles ne sont pas ma priorité, parce qu'elles me servent trop ! Cuisine, vaisselle, jardinage, équitation... Je ne mets jamais de vernis de couleur, sauf lorsque mon métier l'exige. Et puis j'ai toujours aimé les ongles courts, propres. Une base incolore pour un rendu chic me suffit. En revanche, j'ai toujours les pieds faits. Je m'occupe de mes ongles, bien sûr, mais aussi et surtout de la santé de mes pieds en les hydratant au maximum vu que j'adore marcher pieds nus. Le contact du sol me permet de me recentrer et de récupérer l'énergie qui se dégage de la Terre. En marchant pieds nus, je me sens en équilibre. Du coup, j'ai toujours eu les talons qui se fendillent. Pour éviter les crevasses très douloureuses, j'utilise une crème cicatrisante de chez Mixa, Mixa Cicacrème. Et je consulte un podologue régulièrement.

Les massages, ou comment dorloter son corps

J'ai toujours été une très grande adepte des massages : de l'automassage rapide aux séances par un praticien expérimenté, j'aime tous les massages.

Des bienfaits autant physiques que psychologiques

Le massage est une pratique universelle qui a évolué au fil des millénaires, s'adaptant et se perfectionnant au contact de diverses cultures pour devenir un élément clé de la médecine et du bien-être modernes. Il existe ainsi de nombreux types de massage, chacun ayant ses techniques, objectifs et bienfaits propres : suédois, thaïlandais, californien, chinois… Les nommer tous ne serait pas d'une grande utilité, on trouve facilement de nombreuses informations dans les instituts dédiés ou sur Internet. Alors, pour choisir quelle pratique vous conviendrait le mieux, écoutez-vous : quels sont vos besoins, vos préférences, vos antécédents médicaux ? Qu'attendez-vous du massage ? Désormais, les bienfaits du massage sont avérés : ils ont été étudiés et validés par de nombreuses recherches scientifiques.

Un massage efficace et pratiqué par un professionnel peut :

– réduire le stress et améliorer la qualité du sommeil : plusieurs études ont montré que le massage peut réduire les niveaux de cortisol, l'hormone du stress, et augmenter les niveaux de sérotonine et de dopamine, contribuant ainsi à une sensation de bien-être ;

– soulager la douleur, musculaire ou non : le massage est efficace pour réduire notamment les douleurs lombaires, les douleurs chroniques, les douleurs postopératoires et les migraines ;

– améliorer la circulation sanguine et lymphatique : le massage stimule la circulation sanguine et lymphatique, aidant ainsi à éliminer les toxines du corps et à fournir plus d'oxygène et de nutriments aux tissus ;

– réduire la tension musculaire, améliorer la flexibilité, et augmenter l'amplitude de mouvement ;

– renforcer le système immunitaire : le massage peut stimuler le système immunitaire en augmentant l'activité naturelle des lymphocytes et en améliorant la réponse immunitaire ;

– réduire l'anxiété et la dépression : le massage est efficace pour réduire les symptômes d'anxiété et de dépression en augmentant les niveaux de sérotonine et de dopamine ;

– améliorer la fonction cardiovasculaire : le massage peut réduire la pression artérielle et améliorer la fonction cardiovasculaire, notamment chez les patients hypertendus ;

– améliorer la santé de la peau : le massage avec des huiles essentielles ou hydratantes peut améliorer la texture et la santé de la peau, en renforçant la barrière de protection cutanée.

Un massage peut durer deux ou trois minutes à plus d'une heure, être pratiqué par un tiers ou par soi-même. Je suis une grande adepte des automassages, le matin, deux, trois minutes, pas plus, pour activer la circulation de la lymphe, du sang, de l'oxygène, en se tapant partout sur le corps de la tête aux pieds. J'aime aussi me masser le visage pour atténuer les rides d'expression, de la ride du lion entre les deux yeux ou du sourire le long de la bouche, mais aussi pour me relaxer en prenant conscience des zones qui sont crispées et en les détendant les unes après les autres.

J'ai eu la chance de rencontrer une femme inspirante : Chantal Lehmann[1]. Elle aussi aime apprendre sans cesse, comme moi. Shiatsu, dien chan, réflexologie, massages thaï, californien, balinais ou suédois, ayurvéda, lomi lomi, reiki, médecine

1. https://chantallehmann.com.

traditionnelle chinoise… son parcours s'est construit d'expériences en rencontres et l'a toujours menée vers des enseignements authentiques. Chantal a une approche holistique du bien-être. Elle propose des séances de soins sur-mesure, originaux, authentiques, équilibrants, profonds, joyeux et spirituels. Parmi sa gamme de soins, j'ai choisi un soin du visage qui a été un moment hors du temps et dont les résultats m'ont bluffée : l'ovale était lisse, net, remodelé et mes traits totalement défatigués. Chantal a l'habitude de dire que notre visage est notre journal intime. On ne peut pas le renier, mais travailler sur des volumes pour les emmener vers le haut et ainsi attirer la lumière. Mission réussie à 100 %.

Ces bienfaits du massage sont soutenus par des recherches scientifiques solides, ce qui en fait une option thérapeutique viable pour améliorer la santé et le bien-être général. Cependant, je vous recommande de consulter un professionnel de santé avant de commencer si vous avez le moindre doute sur la compatibilité de votre état de santé avec la pratique d'un massage.

L'ayurvéda et moi, une longue histoire

Dans mes livres précédents, j'ai déjà évoqué l'intérêt que je porte à l'ayurvéda depuis de nombreuses années. Il m'a paru important d'en parler de nouveau, tant cette pratique est bénéfique.

J'ai eu la chance de me familiariser très tôt avec les savoirs ayurvédiques, et de rencontrer Kiran Vyas, le précurseur de l'ayurvéda en Europe et le fondateur des centres Tapovan. À la fois médecine et philosophie, l'ayurvéda nous vient d'Inde. Son nom est formé d'*âyur*, qui signifie « vie », et de *véda*, qui signifie « science », dans une traduction littérale du sanskrit. L'ayurvéda soigne l'être humain dans sa globalité : le corps et l'esprit sont étroitement liés, notamment par la pratique de massages, qui travaillent sur les cinq formes de *vata* ou *prana*, c'est-à-dire l'élément air, en les harmonisant. Chaque massage est unique car il s'adapte à notre constitution et à nos déséquilibres.

L'ayurvéda a un énorme avantage : il peut être pratiqué en automassage, pour éliminer nos émotions négatives et libérer notre énergie en agissant directement sur les terminaisons nerveuses sous la surface de la peau. Dès que nous ressentons le stress qui monte, avant qu'il ne prenne possession de notre esprit tout entier, palpons-nous, massons-nous, pour nous ancrer dans le réel et faire descendre la pression.

Masser les fascias, une approche révolutionnaire

Au moment où j'écris ces lignes sur mon ordinateur, crispée sur le clavier et mal installée malgré mes efforts, je rêve d'un bon massage réconfortant et tonique, pour dénouer toutes mes tensions musculaires. Le massage peut être aussi particulièrement bénéfique pour nous, les femmes, en période de ménopause, en aidant à atténuer certains des symptômes et des effets secondaires : un meilleur sommeil avec l'aide d'huiles essentielles, une réduction du stress et des douleurs articulaires, une meilleure circulation, donc moins de bouffées de chaleur, une réduction des maux de tête si le soin se concentre sur le crâne, et enfin une meilleure humeur.

C'est justement en cherchant cette sensation de bien-être que j'ai fait la connaissance de Sébastien De Ortoli. Quand je l'ai rencontré, j'étais perpétuellement fatiguée. Massothérapeute, Sébastien se définit lui-même comme un « passeur de temps ». Il travaille sur les fascias, cette membrane, composée de tissu conjonctif très riche en fibres de collagène, qui recouvre ou enveloppe nos os, nos muscles, nos articulations, mais aussi nos organes, nos tendons, nos ligaments. Les fascias jouent un rôle biomécanique essentiel de maintien passif, mais il a été montré qu'ils sont capables de se contracter et d'exercer une influence sur la dynamique musculaire. On sait même aujourd'hui que les fascias, plus riches que les muscles en terminaisons nerveuses, participent à la proprioception, c'est-à-dire cette capacité que nous avons tous à sentir notre corps bouger sans avoir besoin de le regarder faire, et à la nociception, cette capacité à percevoir le danger ou la douleur. Enfin, la teneur en eau et en acide hyaluronique des fascias joue un rôle dans leur souplesse et leur fonctionnalité.

Les fascias sont partout dans notre corps : dans notre tête, nos membres supérieurs, nos membres inférieurs, le dos et l'abdomen.

Ce sont donc les fascias que masse Sébastien. Son credo : « Faire du bien au corps fait du bien à l'esprit. » Il travaille essentiellement avec les femmes, plus enclines que les hommes à prendre soin d'elles, et le plus souvent âgées de plus de 45 ans. Chacun de ses massages est unique : il dépend de la personne, de son état général, mais aussi de la texture de sa peau et bien sûr de ses besoins. Sa pratique est basée sur le ressenti, et c'est ce qui rend son massage des fascias si unique.

Sébastien travaille en bonne intelligence avec des médecins, des kinés, des psychologues, des gynécologues et des micronutritionnistes, tout personnel de santé susceptible de venir en aide à sa patiente. C'est pour cette raison qu'il associe sa thérapeutique avec la pratique d'une activité physique et une alimentation rééquilibrée.

En pratique, Sébastien « scanne » le corps en passant les mains de haut en bas et de bas en haut, à quelques centimètres de la peau. Ainsi, il ressent plus ou moins de chaleur, qui signale les points de tension. Son but en tant que massothérapeute est d'aider la personne à entrer dans le vieillissement, « ouvrant et fermant des portes » pour aligner l'énergie. Comment ?

– D'abord en oxygénant le corps : pour retrouver son énergie, son entrain physique comme mental, il faut faire circuler l'air, car l'énergie est comme une colonne d'air à aligner. Il a en effet constaté que, souvent, les femmes qui se présentent à lui sont déprimées, se sentent seules face à leurs problèmes. Elles sont à un moment de changement dans leur vie « de femme », en préménopause ou en ménopause. Elles ont besoin d'être comprises et soulagées. Oxygéner le corps leur redonne confiance, soulage les dérèglements émotionnels, délie les articulations, détend les muscles, permet de réduire le stress et d'améliorer le sommeil.

– En massant ensuite : Sébastien a cette formule que j'aime beaucoup : il ouvre le corps « comme une fleur ». Il exerce des pressions manuelles pour relâcher les fascias. Elles permettent une meilleure circulation sanguine et libèrent les articulations, favorisant le mouvement. C'est ce qu'il appelle des étirements passifs.

– En hydratant enfin : Sébastien accompagne sa pratique des conseils nutritionnels, notamment sur l'importance de l'hydratation.

La pratique de massage des fascias est innovante par la technique utilisée mais aussi par son approche. Elle est basée sur la confiance du patient envers son praticien. Sans elle, aucune porte ne s'ouvrira. Le corps ne lâchera pas. Or c'est au moment où celui-ci se libère que le travail de Sébastien commence, et qu'il peut participer au rééquilibrage hormonal, donc à réduire les symptômes de la ménopause. Comme il couple sa thérapie d'une remise au sport, le taux de cortisol baisse, celui de l'endorphine monte, et le bien-être s'installe, de même que la confiance en soi, le retour de l'envie de plaire, et donc la libido.

Le massage des fascias est une technique thérapeutique puissante et efficace, qui aide à restaurer la mobilité, réduire la douleur et améliorer le bien-être général. Je l'ai adoptée, pourquoi pas vous ?

Quatrième partie

S'ENGAGER

J'ai toujours accepté que le temps passe. Ce n'est pas une obsession, même si, dans le milieu dans lequel je travaille, ce n'est pas toujours facile de ne pas céder aux sirènes du jeunisme. J'aime que le temps pose sa marque sur mon corps et dans ma tête. Et pour le meilleur : quelle joie d'être mère, quel bonheur d'être grand-mère ! Même si les sociétés occidentales refusent le vieillissement et encensent la jeunesse. Plus encore lorsque l'on est une femme.

Mais c'est loin d'être une généralité dans le monde. J'ai eu la chance de voyager dans des pays dont les modes de vie sont à l'opposé de nos habitudes hyperindustrialisées, et de rencontrer des femmes et des hommes de toute nationalité, de tout âge et de toute condition. J'ai pu constater par moi-même que de nombreuses sociétés africaines ou orientales valorisent les personnes très âgées, qu'on qualifie souvent de « sages », louant ceux qui vivent longtemps. Et si on s'en inspirait ? Si l'on se libérait une bonne fois pour toutes de la honte de vieillir que nous imposent nos sociétés occidentales ? Et si on décidait de s'engager enfin dans la bonne voie ?

Enfin, il nous faut aussi protéger ce que nous avons de plus précieux : la vie, les nôtres, et notre Terre. C'est mon engagement : celui de la sauvegarde de la planète, et j'ai créé une association pour la protection et la sauvegarde de la faune et la flore sous-marines. Là non plus, il n'est jamais trop tard. Pour vous, pour moi, l'avenir se joue maintenant.

Chapitre 10

Vieillir

« Vieillir est un processus extraordinaire
où l'on devient la personne
que l'on aurait toujours dû être. »

David Bowie

Vieillir, c'est d'abord vivre !

Oui, vous avez bien lu : « vieillir ». Ce verbe n'a pas bonne presse, c'est le moins que l'on puisse dire, et chacun en a sa propre définition.

Pour moi, vieillir est un mot joyeux. C'est du moins ce que j'ai décidé et ainsi que j'ai envie de l'envisager. C'est être capable d'accepter de ne pas avoir d'emprise sur la durée. C'est lâcher prise. On ne maîtrise pas le temps ; en revanche, on peut maîtriser sa façon de l'habiter.

Je ne prétends pas que vieillir ne me pose aucun problème, mais je veux vivre le plus longtemps possible et en profiter le plus possible. Alors je prends soin chaque jour de chérir la vie et chaque journée comme un cadeau.

Vieillir, c'est avoir envie de vivre ! Bien sûr, qui dit vieillir dit mourir après. C'est toute l'ambivalence du temps qui passe : résoudre l'équation d'être à la fois dans la vie et oublier qu'en vivant on se rapproche inéluctablement de la mort. J'ai choisi mon camp.

La vie m'a confrontée très tôt à la mort. J'ai eu la douleur de perdre mon papa à 23 ans, puis ma maman à 34 ans, alors que l'un et l'autre n'avaient que 65 ans. Ils étaient joyeux, élégants, aimaient rire et s'amuser. Ils étaient si inspirants... Ils le sont toujours pour moi. Ma mère aurait aujourd'hui 87 ans, et je suis certaine qu'elle serait une très belle, très joyeuse et très élégante vieille dame. J'ai envie de suivre ses traces.

Respectons et honorons nos aînés

« Vis aussi longtemps que la montagne du Sud. » C'est la formule consacrée en Chine pour souhaiter un bon anniversaire. Par cette phrase, on souhaite donc à l'autre de vivre longtemps, donc de vieillir. Rien à voir avec ce qui se pratique chez nous, et pour cause : en Asie, les personnes âgées sont respectées et considérées comme des sages. Les sociétés asiatiques fonctionnent en groupes, contrairement aux sociétés occidentales qui placent l'individu au centre. Tout en haut de la pyramide sociale sont les personnes âgées, en raison de leur grande expérience et de ce qu'elles ont apporté aux jeunes générations. On les appelle « les Vieux », sans honte. Plus on avance en âge, plus on est considéré et écouté, alors qu'en France être vieux, c'est parfois une insulte.

Il en est de même en Afrique, un continent que j'adore et avec qui je ressens de nombreuses affinités, où les plus de 50 ans sont aussi très respectueusement appelés « les Vieux ». Vieillir est synonyme de sagesse, de force de transmission et non de dégradation. Ces Vieux africains ne sont pas des poids morts pour la société : ils exercent des activités utiles, comme garder les enfants ou effectuer des petits travaux d'entretien. L'homme en vieillissant devient comme un arbre : plus il est vieux, plus il est beau, majestueux, fort et solide. Quelle image magnifique ! Et si on décidait d'être nous aussi des arbres forts et majestueux. Il ne tient qu'à nous de faire bouger les choses.

Être ou se sentir vieux ?

Mais vieillir est surtout une histoire de sensations. Si l'on est épargné par la maladie, qui peut arriver à tout âge mais dont la fréquence augmente avec les années, je crois profondément à la façon dont on ressent les choses. Je prends de l'âge, comme tout le monde, mais ce n'est pas pour autant que je me sens vieille. Dans ma tête surtout, un peu moins dans mon corps, qui change, surtout depuis la ménopause. Dans mon esprit, rien ne bouge : je suis à la fois adulte et ado. Est-ce que ce n'est pas ça, le secret de bien vieillir ? Être à l'écoute de ce que l'on ressent, peu importe sa date de naissance ?

Quand je discute avec les gens lors d'événements ou même dans la rue, ils me disent parfois : « Oh, c'est fou de vous voir là, devant moi, je suis fan de vous depuis des années, depuis que je suis petite… » Et là, souvent, il m'arrive de regarder la personne qui me parle et de me dire intérieurement : « Mais… on n'a pas le même âge ? Je suis vraiment plus âgée… ? » Nous avons parfois plusieurs années de différence mais je ne vois pas comme son aînée.

Changer notre rapport au temps

L'âge que l'on a n'est pas qu'une histoire de dates. C'est aussi une façon d'appréhender le temps qui est très occidental et génère beaucoup de stress. Notre rapport au temps est tellement compliqué : soit il passe trop lentement, soit il passe trop vite, soit on voudrait rattraper celui qu'on est censé avoir perdu, soit on cherche à en gagner... Quelle angoisse !

Ce n'est pas le cas dans les autres cultures, notamment en Afrique. Ce continent, cette « terre nourricière », résonne avec mon côté « maternel » au sens large. Je me sens en communion avec sa nature, ses peuples et sa culture. Le rapport au temps des Africains est à l'opposé du nôtre : rares sont ceux qui connaissent leur date de naissance et leur âge. Nous, nous « célébrons » chaque année qui passe, et nous angoissons à l'idée de prendre un an de plus ! De même, leur rapport à l'horaire, au retard est totalement différent : jamais vous ne verrez un homme ou une femme africaine vous reprocher de ne pas être à l'heure. Ce n'est pas un manque de respect, c'est que vous aviez autre chose d'aussi important à faire.

Au fond, quel est l'intérêt d'être précisément à l'heure à un rendez-vous ou d'avoir un, cinq ou dix ans de plus ? Plutôt que de nous inquiéter du temps qui passe, nous devrions plutôt prendre ce temps pour nous affranchir de ces dates et de ces horaires, pour respirer – nous sommes trop souvent en apnée ! –, pour mastiquer, pour dormir, pour flâner, pour vivre. Je ne suis pas naïve, je sais à quel point nos vies sont chronométrées. Mais il ne tient qu'à nous de changer ça : cessons d'être absorbés, obsédés par le temps, de lui courir après. Il n'y a rien de pire ! Lorsque j'étais en Afrique, les femmes samburu que j'ai rencontrées regardaient tous les jours le soleil se lever. Ce moment suspendu faisait partie intégrante de leur journée. Depuis combien de temps n'avez-vous pas pris le temps de regarder le soleil se lever ?

Pour vieillir bien, nous devons changer notre façon d'appréhender la notion du temps. Prenons exemple sur la nature : les choses vont et viennent, se font et se défont par cycle, à leur rythme. Trouvons le nôtre ! Ne brûlons pas le temps que nous avons, ne le sacrifions pas, n'engendrons pas la peur de ne pas avoir le temps.

Moi, j'ai décidé de consacrer du temps à apprendre. Et vous ?

La femme vieillit, l'homme mûrit…

L'homme et la femme n'ont pas la même lecture du temps, malheureusement. Le temps de la femme est moins linéaire que celui de l'homme. Pour ces messieurs, il n'y a pas de passages, pas de périodes. Et, bien souvent, les hommes prennent conscience du temps qui passe lorsque leur femme arrive à la ménopause !

Le temps de la femme, lui, est plus social. Entre le regard que la société porte sur elles après

40 ans et le regard que chaque femme porte sur elle-même et sur les autres, influencée par les diktats du jeunisme ambiant permanent, nous sommes constamment ramenées à notre âge, notre allure, notre paraître. L'homme et la femme ne sont pas égaux devant la façon dont le monde autour d'eux considère leur vieillissement. Un homme qui vieillit mûrit, devint plus sécurisant, plus sexy – même si, aujourd'hui, l'homme fait plus attention à son apparence et traque les poignées d'amour devenues un peu moins glamour ! La société doit progresser afin de changer sa manière d'envisager la vieillesse, pour que les femmes s'autorisent à le faire à leur tour.

Vieillir ou devenir immortel ?

« L'éternelle jeunesse est dans son cœur, pas sur son visage ni dans son corps », ai-je écrit dans un de mes précédents livres. Alors pourquoi vivre vieux ? Lorsque j'interroge les gens autour de moi, une idée revient souvent : « Je suis tout à fait d'accord pour vivre longtemps, si je suis en bonne santé. Mais vieux... » Nombreuses et nombreux sont donc ceux qui veulent vivre le plus longtemps possible, mais sans vieillir... Sans que le temps marque leur visage, leur corps. Ils voudraient pouvoir arrêter le temps, donc devenir immortels.

Nous n'avons pas l'humilité de considérer que nous sommes de passage sur terre. Nous participons d'un grand tout, dont nous ne sommes pas le centre. Je l'ai compris très tôt, à cause du décès précoce de mes deux parents, et je l'ai sûrement mieux intégré que la plupart de mes contemporains.

Il arrive parfois, quand je croise des personnes dans la rue, dans mon quotidien, qu'elles me disent cette phrase : « Vous faites moins que votre âge. » Figurez-vous qu'elle me dérange profondément, cette phrase. Bien sûr, dans la bouche des gens, c'est un compliment. Mais une fois passé la flatterie de l'ego, qu'est-ce que cette remarque signifie, au fond ? Que je n'ai pas le visage, le physique, les rides, les cheveux, que suggère ma date de naissance ? Et quel devrait-il donc être, ce visage ? Plus marqué ? Et ce physique ? Moins attirant ? Il n'y a pas de physique correspondant à un âge donné. Toutes les femmes devraient donc avec la même allure au même âge ? Pour moi, « faire ou non son âge » ne veut absolument rien dire. Je peux d'autant mieux en parler que j'ai passé ma vie professionnelle dans un secteur où on fait dire ce qu'on veut à une image…

Cette quête de jeunesse éternelle, d'immortalité existe dans toutes les civilisations, elle préoccupe l'humanité depuis sa naissance. Les hommes et les femmes ont toujours cherché à ralentir le temps et ses conséquences. Grâce aux progrès de la science, de nos jours, l'espérance de vie n'a jamais été aussi élevée : nous vivons plus longtemps et souvent en bien meilleure santé. Cependant, certaines maladies comme les pathologies cardiovasculaires, certains cancers, se développent plus tôt à cause de nos modes de vis occidentaux.

Pourtant, beaucoup de femmes – et d'hommes – essaient coûte que coûte de « faire plus jeunes » : cosmétiques, chirurgie, vêtements, les possibilités sont infinies… D'autres, au contraire, luttent pour que la société cesse d'ériger la jeunesse « éternelle » comme but à atteindre. Depuis quelques années, notamment grâce au courant « pro-aging » venu des États-Unis, les lignes bougent : on ne parle plus d'anti-âge mais d'accompagner le temps qui passe. Le changement est en marche, et c'est tant mieux, car lutter contre le temps est vain. Il y aura toujours des gens pour penser que la « vieillesse est un naufrage », comme l'a dit le général de Gaulle. Je préfère réserver mon énergie à être bien dans ma peau. À me montrer telle que je suis. À prendre de l'âge en meilleure santé possible.

Focus : Chirurgie esthétique, qu'est-ce que j'en pense ?

Il n'est pas question d'être pour ou contre, mais plutôt d'être extrêmement vigilant face aux dérives de la pratique. Il faut savoir que, une fois qu'on a commencé, on a beaucoup de mal à s'arrêter. C'est comme une drogue : on devient addict au mieux-être éphémère que procure une injection ou même une intervention, et comme il passe en un éclair, on veut recommencer le plus vite possible. Alors si vous avez envie de tenter l'expérience, pourquoi pas, mais attention : faites-le avec un excellent praticien et sachez exactement pourquoi vous le faites. Une fois le doigt pris dans l'engrenage, impossible de faire marche arrière.

Comment bien vieillir ?

Nous savons tous plus ou moins ce qui est bon pour nous, mais nous ne le faisons pas. Pourquoi ? Parce que notre cerveau est habitué à faire les mauvais choix, qui deviennent des automatismes dont nous sommes les premières victimes. Le vieillissement est dû à l'inertie : à partir de 50 ans, on délaisse la nouveauté, la passivité prend le dessus et détruit notre motivation.

Pour bien vieillir, nous devons être acteurs et choisir consciemment notre mode de vie, qui doit inclure les préceptes suivants :

– Côtoyer de vrais amis, qui vivent sainement et ne jamais rester seul ;

– Avoir des projets socialement stimulants qui en valent la peine et un objectif de vie ;

– S'amuser ;

– Avoir une sexualité épanouie ;

– Gérer son stress et son mental.

Le neuroscientifique Deepak Chopra, dans son livre *Le Fabuleux Pouvoir de votre cerveau*[1], compare l'homme aux cellules qui le composent. Et ce qu'il explique est saisissant de bon sens et de clarté. Nous devrions acquérir la sagesse de nos cellules, qu'il définit en sept leçons :

1. Les cellules partagent et coopèrent.

2. Les cellules pratiquent l'autoguérison.

3. Pour vivre, les cellules doivent être nourries tour le temps.

4. Elles doivent toujours être dynamiques et meurent quand elles fonctionnent mal.

5. L'équilibre entre monde intérieur et extérieur doit être constant.

---

1. J'ai lu, 2021.

6. Elles éliminent les toxiques et les organismes porteurs de maladies immédiatement après les avoir repérées et combattues.

7. La mort est acceptée, fait partie du cycle de la vie.

Cette dernière phrase est primordiale pour moi, car je suis convaincue que c'est parce que nous ne sommes pas préparés à la mort que nous en avons peur.

Vivre, c'est aussi mourir

Nous ne sommes pas du tout préparés à la mort. Prenons exemple sur nos cellules : elles acceptent la mort car elle fait partie du cycle de la vie, elles l'ont intégrée. Nous, nous n'avons pas cette sagesse-là. Comme nous, la cellule est programmée pour mourir et le sait, mais contrairement à nous, elle l'accepte.

Deux mois et demi après le décès de mon père, on m'a offert – pour mon bien, je l'ai compris aujourd'hui – un livre : *Le Livre tibétain de la vie et de la mort*. Ce cadeau m'a mise très en colère : et ma souffrance ? et ma peine ? Dix ans plus tard, dévastée par la disparition de ma mère, je suis allée voir un rabbin, moi qui ne suis pas juive. Il m'a dit une phrase que je n'oublierai jamais et qui m'a fait énormément de bien : « Si votre maman est partie, c'est qu'elle n'avait plus rien à vous apporter sur terre. Elle pourra désormais le faire dans l'au-delà... » Le temps m'a prouvé qu'il avait raison. Je suis convaincue que si je dois mourir, c'est que quelque chose m'attend ailleurs.

Malgré tout, il m'arrive de redouter mes 65 ans, puisque c'est l'âge qu'avaient mes deux parents quand ils sont partis. Grâce à Deepak Chopra, j'ai compris que j'avais peur d'un souvenir : ce que nous craignons vient de ce que nous rappelons. Ces fixations inconscientes deviennent nos peurs, qui sont si convaincantes qu'elles prennent le dessus sur le souvenir. Les mêmes inquiétudes reviennent toujours, et l'impression de peur est tenace dans notre cerveau. Depuis que j'ai conscience de ce mécanisme, je ne cesse de me répéter que je ne peux avoir peur d'un souvenir.

Il nous faut apprendre à relativiser. Moi, je me dis que la mort est un passage. Imaginez que nous sommes toutes et tous sur un tapis roulant qui avance sans discontinuer et que nous ne pouvons stopper, depuis lequel nous avons à notre disposition tout ce que la vie a à nous proposer. À nous de vivre intensément chaque instant devant lequel on passe, qu'on nous offre, que l'on peut prendre ou non. À nous de prendre, de recevoir, d'apprécier et de remercier. Sur ce tapis roulant, la mort est un passage obligé qui ne doit pas avoir plus d'importance que les autres.

Chapitre 11

Se libérer

« Nous vivons dans un monde où les funérailles sont plus importantes que les morts, où le mariage est plus important que l'amour, l'apparence plus importante que l'esprit. Nous vivons dans une culture de l'emballage qui méprise le contenu. »

Anthony Hopkins

S'il y a un verbe que je n'aime pas en ce qui concerne le temps qui passe, c'est lutter. À quoi bon lutter contre le temps, contre lequel on ne peut rien ? Tel Don Quichotte contre les moulins à vent, on s'épuise à vouloir empêcher l'inéluctable.

Soyons honnêtes : si nous nous moquions vraiment du regard des autres, chercherions-nous à « faire plus jeunes » ? À camoufler nos rides, nos plis et nos poches ? Évidemment non. C'est la société qui entretient notre peur de vieillir, en nous renvoyant en permanence à la figure les diktats du jeunisme comme modèles à suivre. Sommes-nous prêtes à tous les compromis pour l'atteindre ? Je ne nous le souhaite pas.

Acceptons-nous enfin comme nous sommes, avec nos défauts, mais aussi nos qualités, nos plis et nos bosses. Détachons-nous autant que possible du regard des autres, mettons tout en haut de notre échelle de valeurs l'estime que nous avons de nous-mêmes. Chérissons notre corps, qui n'est peut-être pas parfait, mais qui est le nôtre.

Le regard des autres

« La minute où vous commencez
à vous soucier de ce que pensent les autres
est la minute où vous cessez
d'être vous-même. »

Meryl Streep

J'aurais pu appeler ce chapitre « S'en foutre » ! Arrivée à la cinquantaine, on réussit plus facilement à se moquer du qu'en-dira-t-on, et c'est jouissif. Mais il faut une sacrée dose de confiance en soi pour envoyer balader tout ce que les médias, les réseaux sociaux, les marques nous plaquent tous les jours sous les yeux, pour ne plus agir en fonction de ce que le monde attend de nous.

D'ailleurs, est-ce que la confiance en soi vient avec l'âge ? La confiance en soi, c'est d'abord s'accepter tel que l'on est. C'est avoir de l'estime pour qui nous sommes. Mais nous n'avons pas tous les mêmes cartes en mains : nous avons une histoire familiale, une histoire personnelle, une éducation, un tempérament différent autour desquels nous nous sommes construits. La vie s'est chargée d'ébranler cette estime de soi. En tant que femme, c'est surtout le temps qui la met à rude épreuve. Nous devons assumer un corps qui change et qui s'éloigne de ce que la société exige de nous : un ventre ferme, une silhouette élancée et mince, un visage jeune… Pas dingue pour l'estime de soi quand on a passé 50 ans !

En revanche, avec l'âge, on se connaît mieux. On sait nos qualités, nos défauts. On acquiert une certaine maturité aussi. Cette assurance, même relative, est reposante, et l'envie d'être libre gagne du terrain. Moi, mon moment de liberté totale, c'est lorsque je danse en public : un défoulement obligatoire en sortie ! Danser me procure de grands moments de joie… ou de honte, quand on repense à ces « vieux » qu'on voyait se trémousser en boîte quand on avait 18 ans… Et maintenant ? Comment les jeunes nous perçoivent-ils ? Je peux d'autant mieux vous en parler que mes filles se moquent de moi quand je danse. Elles me disent : « Maman, tu fais tellement années 80 ! » Et dans leurs bouches, ce n'est pas un compliment ! Elles vont même jusqu'à me montrer des vidéos qu'elles trouvent sur les réseaux sociaux, des archives de l'époque prises en boîte de nuit pour me prouver qu'elles ont raison. Et vous savez quoi ? Elles ont raison ! Ça me fait rire. Quoi qu'elles me disent, je n'aurai jamais honte, parce que, quand je danse, le regard des autres, je m'en fous.

Il faut arrêter d'être inquiète de vieillir et d'avoir honte. Acceptons, embrassons, remercions chaque matin qui se présente à nous. N'ayons pas honte de dire notre âge, arrêtons de culpabiliser. On a l'habitude de dire que demander son âge à une femme est indiscret. Mais en quoi serait-ce indiscret ? Au contraire ! Je réponds toujours quand on me pose la question. À quoi servirait de mentir alors que ma date de naissance s'affiche partout sur Internet ? J'assume l'âge que j'ai, car mentir ne changera rien.

Je refuse de cacher mon décolleté parce qu'il ne correspond pas à ce que les autres voudraient voir. Je suis fière des traces que le temps laisse sur moi. Elles racontent mon histoire. C'est la beauté de vieillir : ôter toute trace de vie, c'est effacer la vie même ! Si plus on vieillit et plus on paraît jeune, ça ne fonctionne pas : on ne raconte plus rien. Mais, depuis notre plus jeune âge, on est conditionné à croire que les peaux âgées doivent être cachées. Les règles de la mode couvrent la femme, plus elle avance en âge. Un décolleté qui vieillit, ça dérange les gens. La société fait sentir que nous sommes moches avec cette peau. Mais qu'est-ce qui justifie qu'une peau jeune soit plus « belle » qu'une peau âgée ? Ces préjugés sont typiquement occidentaux : jamais vous ne verrez une Africaine cacher sa peau. Bien au contraire : elle l'exhibe car elle en est fière. Une femme âgée ne devrait pas avoir à rendre invisible son corps pour le confort des autres. Encore cette foutue peur du regard des autres ! Et tant que nous n'en serons pas libérées, nous ne pourrons pas avancer dans l'âge avec sérénité. Comme l'a dit Andie McDowell, « vieillir ne devrait pas être une source de honte mais de fierté ».

Le poids des attentes

On ne va pas se voiler la face : laisser tomber cette injonction de plaire, à ses parents, à ses employeurs, à son ou sa partenaire, à ses enfants, au monde, c'est très dur. Certains en font même un combat. C'est le cas de mon amie Paulina Poriskova, ancienne mannequin née en 1965, qui utilise son compte Instagram pour dénoncer le jeunisme. Elle assume son âge et l'affiche à chaque occasion. J'admets ne pas avoir atteint cette liberté-là. Je mentirais en disant par exemple que je me moque tous les jours de la façon dont je vais m'habiller le matin. Parfois, j'aimerais privilégier le confort et je ne le fais pas toujours. Cette liberté devrait être naturelle, or elle ne l'est pas du tout.

Il me reste un peu de chemin à parcourir avant de m'affranchir de l'approbation des autres. J'en ai eu tellement besoin, personnellement et professionnellement ! Devoir plaire est mon métier : au couturier, au photographe, au réalisateur. Quand tu regardes l'appareil photo, c'est l'image que tu renvoies qui compte. Je voulais bien faire mon job, je faisais donc tout pour qu'on m'aime. C'est ce qu'on attendait de moi. Et c'est dévastateur, dans le mannequinat comme dans tous les domaines professionnels. Chercher à être aimée est souvent un problème : on se laisse bouffer par son patron, ses collègues.

Attendre le compliment… C'est terrible, quand on y pense. Et ça a laissé des traces. Aujourd'hui, j'ai du mal à accepter les compliments sur mon physique. Je suis bien plus touchée qu'on me complimente sur mes engagements, mes discours, mes prises de position, de parole… même mon jeu d'actrice. Mais le « qu'est-ce que t'es belle »… je ne le supporte plus. C'est tellement creux, vide de sens ! L'injonction à être belle parce que c'est ce qu'on a trop attendu de moi m'est aujourd'hui douloureuse. Je préfère qu'on me dise que je suis élégante, rayonnante, sexy.

Entrer en compétition avec soi plus jeune

Personnellement, j'ai placé la santé en haut de l'échelle, non la jeunesse éternelle, qui se transforme en mal-être s'il tourne à l'obsession. Je l'ai hélas vu chez certaines de mes collègues et amies dans le mannequinat. Incarner une certaine idée de la beauté, comme c'est le cas lorsque vous êtes mannequin, est à double tranchant : il oblige à prendre soin de soi – c'est le bon côté de la médaille –, mais confronte chaque jour au temps qui passe, puisque chaque photo qui a été prise de moi m'a figée dans le temps dans la meilleure version de moi-même.

La tentation est grande de vouloir revenir en arrière en cherchant à rester jeune à tout prix. Mais ce serait comme entrer en compétition avec soi-même plus jeune : je perdrais à coup sûr ! Tout le stress, toute l'anxiété que génère cette compétition entre soi et soi pèsent, minent, dépriment.

Si je regarde les photos que j'ai faites il y a dix, vingt et même trente ans, la comparaison pourrait être douloureuse. J'ai décidé qu'elle ne le serait pas ; au contraire, elle me motive à prendre soin de moi pour continuer à véhiculer, malgré le temps qui passe, l'image d'une femme rayonnante et prouver que l'âge n'a aucune importance.

L'accepter ne s'est pas fait en un claquement de doigts. Je suis passée par des phases, des étapes, et plus les années passent, plus c'est simple. Je me souviens qu'à 50 ans, je me suis demandé si je pourrais continuer ce que je faisais avant, si je pourrais toujours poser comme avant : avec plus de plis, plus de ventre, plus de rides... Il m'arrive, dans certaines postures de yoga, comme le chien tête en bas, de constater l'apparition de plis supplémentaires, par exemple au niveau du genou... C'est perturbant. Mais j'ai vite compris que je ne pouvais pas rivaliser avec moi plus jeune. Et que la perfection n'existait pas : personne n'est parfait. Et qu'est-ce qu'être parfait d'ailleurs ? J'ai correspondu à une certaine image de la beauté, je ne suis pas parfaite pour autant, je ne l'ai jamais été. Au lieu de chercher la perfection, on devrait plutôt chercher la beauté dans l'imperfection. Les Japonais ont développé un concept qui s'en approche : le wabi-sabi. Inspiré des pratiques bouddhistes zen et taoïstes, il prône le retour à la simplicité, la sobriété, qui influencerait positivement l'existence, poussant à reconnaître et à ressentir la beauté des choses imparfaites, éphémères et modestes. Qui sait, peut-être qu'on a trouvé ma beauté dans mes imperfections...

Il faut trouver le bon équilibre entre vouloir toujours paraître jeune et se plaire dans le miroir. L'important n'est pas de paraître plus jeune, mais de s'aimer telle que l'on est. On s'épargne le miroir loupe par exemple : on n'est pas obligée d'être après ses rides, ses plis, ses creux, en connaître le nombre exact. Je sais à quoi je ressemble, et ça me suffit. Peu sont les femmes qui aiment leurs corps. Et pourquoi ne pas oser le dire si on le pense ? Plus encore quand on prend de l'âge.

Pourtant, on s'aperçoit qu'on n'a plus besoin de faire les choses pour être aimée, que ce n'est pas le bon chemin. Une sorte de liberté intérieure s'installe qui fait qu'on refuse le compromis. Ne laissons personne fixer les règles à notre place. Soyons libres.

Être libres d'aimer

Désir, ménopause et libido

La vie intime des femmes plus de 50 ans est longtemps restée un tabou (et l'est encore un peu aujourd'hui d'ailleurs) : comme nous ne procréons plus après la ménopause, il ne s'agit plus de reproduction, mais seulement de plaisir, et ça dérange.

Chaque femme traverse cette période à sa manière, et fait au mieux pour continuer de se sentir désirable malgré tous les changements dont nous avons parlé dans les chapitres précédents. Et, souvent, la libido en prend un coup.

Pour quelques-unes d'entre nous, pourtant, ne plus craindre de tomber enceinte, ne plus être contrainte par les règles est synonyme de libération : quel soulagement de ne plus avoir peur d'une grossesse non désirée, d'une contraception mal adaptée ! Mais attention à toujours rester vigilantes et à se protéger contre les maladies sexuellement transmissibles. Certaines femmes sont aussi plus libres dans leur tête, délivrées de certaines contraintes et allégées d'une partie de la charge mentale qui les empêchent de disposer de leur temps comme elles l'aimeraient.

Mais, le plus souvent, la préménopause et la ménopause entraînent des modifications physiologiques qui pèsent sur notre désir et nos envies : à cause du stress, de la fatigue, des changements physiques et hormonaux, on se sent moins attirante. Et si on ne se sent pas désirable, on n'a pas envie de faire l'amour.

Les conséquences physiologiques de la ménopause sur la sexualité des femmes

La baisse du taux d'œstrogènes peut entraîner une diminution du flux sanguin vers le vagin, provoquant un amincissement des tissus vaginaux et des lèvres qui deviennent moins sensibles à la stimulation sexuelle, affecte la lubrification et entraîne la sécheresse vaginale, souvent la pire ennemie de la libido postménopause. Apprécier le sexe et atteindre l'orgasme deviennent alors difficiles, et les rapports peuvent même devenir douloureux. Pour soulager ces symptômes, j'ai découvert une marque qui propose des produits naturels et bio entièrement dédiés à l'équilibre hormonal féminin : MiYé. J'ai et la chance de tester la brume intime apaisante, le gel intime hydratant rééquilibrant, [My]Essentiels sérénité et [My]essentiels équilibre féminin, et je vous les conseille.

Les fluctuations hormonales ont aussi un impact sur la santé mentale et la montée du stress, qui, à leur tour, peuvent entraîner une diminution de l'estime de soi, de la confiance en soi, et donc de la libido.

L'amour dans toutes les positions

Il faut, il me semble, différencier les femmes en couple depuis plusieurs années et les célibataires. Dans un couple, si on fait un peu attention à l'autre, on se voit vieillir, on se connaît. Ce n'est pas le cas lorsqu'une relation débute, dans laquelle la femme peut se sentir mal à l'aise à l'idée que le ou la partenaire qu'elle désire voit ses rides, sa peau détendue ici ou là. Qu'elle déçoive, en quelque sorte.

Je souhaiterais d'abord dire et répéter à toutes les femmes qui liront ce livre que notre corps ne se détériore pas : il change. Et en aucun cas nous n'avons à en avoir honte. Malheureusement, c'est plus facile à dire qu'à faire, une fois encore.

Quand on commence une nouvelle relation, on a envie de plaire sous toutes les coutures et dans toutes les positions. Je vous prends un exemple, qui parlera sûrement à plusieurs d'entre vous : imaginez-vous en pleins ébats, votre partenaire sur le dos et vous au-dessus. Nos joues, nos seins, notre peau piquent du nez… Il ne vous est jamais arrivé de jouer avec vos cheveux pour tenter de dissimuler ce que vous n'assumez pas totalement ? Rien de pire pour perdre en spontanéité et en plaisir…

Comment camoufler ce que nous avons-nous mêmes du mal à accepter ? Cette question m'a troublée : il ne s'agit pas de cacher, mais de jouer sur un autre registre, comme la sensualité, le mystère, la connivence, plus que sur la performance ou l'orgasme à tout prix. Nous connaissons nos points forts autant que nos points faibles, alors valorisons-les et restons positives. Si se dénuder est problématique, faisons différemment, gardons une belle lingerie si on est plus à l'aise. Accordons du temps à notre relation, échangeons, parlons ouvertement et sans tabou. Et n'oublions jamais que si notre partenaire est là, avec nous, c'est qu'il ou elle nous acceptera telles que nous sommes, et si ce n'est pas le cas, eh bien nous serons bien mieux sans.

Renouer avec le plaisir

Retrouvons cet élan vital si important dans la vie. C'est l'ingrédient majeur d'une sexualité radieuse. Les Indiens l'appellent *prana* et les Chinois *qi*. Elle est différente suivant chaque individu, mais nécessite toujours d'être en bonne santé aussi bien physique que mentale : si on a le moral dans les chaussettes, notre libido y sera aussi.

Reprenons possession de notre corps et de nos sens par des massages, excellents pour retrouver confiance en soi. De même, redécouvrons les sensations de plaisir grâce à la masturbation ou les jouets sexuels, pour s'ouvrir à nouveau aux caresses et au sexe. Avec la maturité, nous savons ce que nous voulons sexuellement, ce que nous aimons, et aussi ce qu'aiment nos possibles partenaires, hommes comme femmes.

Enfin, faisons baisser notre niveau de stress : activité physique, méditation, respiration, tous les conseils que je vous ai proposés dans ce livre sont à appliquer sans modération. La sophrologie est également un bon moyen de reprendre possession de son corps et de se reconnecter à soi.

Alimentation et libido

Pour aider notre libido à retrouver des couleurs, il y a encore et toujours l'alimentation. Eh oui : adopter une alimentation hypotoxique, c'est-à-dire anti-inflammatoire, pour retarder le vieillissement cellulaire, manger moins, privilégier un petit-déjeuner salé, un déjeuner sain et un dîner léger sont autant de moyens de réveiller sa libido.

Une alimentation hypotoxique doit comporter les éléments suivants :

– du zinc, dont les produits de la mer, les légumineuses, les graines de courge et, pour celles qui apprécient, la viande rouge (avec modération et raison) sont riches ;

– des antioxydants, grâce aux fruits et légumes de saison, pour lutter contre le stress ;

– des oméga 3 : l'huile de lin, les graines de chia, la cameline et les poissons gras pour lutter contre la sécheresse cellulaire ;

– de l'arginine, un acide aminé qui agit sur la vasodilatation, avec des protéines animales sous forme de viande et de produits laitiers, de noix.

– sans oublier les épices : gingembre, piment, safran…

Les bonnes habitudes expliquées en début de livre sont plus que jamais à appliquer : limiter le thé, le café, l'alcool, arrêter de fumer, bien dormir. De même, une bonne hydratation est impérative pour les muqueuses, la sécheresse vaginale et la prostate – oui, messieurs, faites aussi attention à vous.

Enfin, il existe des plantes qui pourront aider à retrouver une vie sexuelle épanouie :

– l'ashwagandha (sauf en cas d'hyperthyroïdie) pour améliorer le bien-être mental ;

– le gel d'aloe vera, l'huile de coco ou le millepertuis, en application externe pour recouvrer une certaine souplesse cutanée et lutter contre la sécheresse ;

– la sauge, le houblon et le lin (dont nous avons déjà parlé, sauf si vous êtes atteints de cancers hormonodépendants) ;

– le ginseng ;

– le gingembre ;

– et des huiles essentielles, comme la sauge médicinale.

Mais l'essentiel, dans tout cela, est de se dire qu'on a le droit au plaisir à tout âge.

Chapitre 12

Défendre

« Protéger, venir en aide, soutenir quelqu'un ou une cause » : c'est la définition que Le Robert donne de ce verbe. Et c'est exactement comme cela que je l'envisage. Défendre, pour moi, signifie faire tout ce qui est en mon pouvoir pour protéger, venir en aide et soutenir.

Notre planète, d'abord. Depuis que je suis enfant, je vis proche de la nature. Que ce soit aux États-Unis ou en France, j'ai toujours eu un besoin vital de vivre en harmonie avec elle. De cette proximité est née très tôt l'envie de la préserver. J'en ai fait une de mes priorités.

Mais défendre, c'est aussi me battre contre toute forme de maltraitance, humaine ou animale ; contre la maladie sous tous ses aspects, physique ou mental ; contre les idées reçues et les fake news qui inondent désormais notre quotidien et nous font faire n'importe quoi.

Défendre, pour moi, c'est enfin être utile, à soi-même et aux autres. À tous les autres.

La nature, ma passion

Une fille de la campagne

Je suis une fille de la campagne. J'ai grandi, jusqu'à l'âge de 10 ans, dans un petit bourg. « Entre l'école et la gendarmerie », comme j'ai l'habitude de dire. J'allais, le soir, chercher le lait encore tiède à la ferme en face de chez moi. Ma mère m'envoyait aussi nourrir les poules. Mes parents possédaient aussi une maison de campagne, devenue la mienne aujourd'hui. Le concept peut paraître étonnant : habiter à la campagne et « avoir une maison de campagne ». Cette maison était notre havre de paix, à mon père, ma mère et moi. Mon père était directeur d'une entreprise de boulonnerie, et ma mère était coiffeuse dans son propre salon – elle en possédait sept à la fin de sa carrière. Elle travaillait donc le samedi, que je passais avec mon papa. Il n'y avait que le dimanche où l'on pouvait passer du temps ensemble tous les trois : c'était le moment des grandes balades en forêt, de la préparation de plats plus savoureux les uns que les autres dans la cuisine que je pourrais dessiner les yeux fermés.

Je me rappelle ce que je ressentais quand ma mère me demandait d'aller nourrir les poules ou récupérer leurs œufs : elles venaient picorer les graines qui étaient tombées sur mes bottes et je détestais ça ! Ça me figeait sur place. J'en ai conservé une peur tenace de tous les volatiles…

Parfois, aussi, nous allions au bord de la mer, à Dieppe, à Varengeville ou à Deauville à la « belle époque », celle d'*Un homme et une femme* de Claude Lelouch. On dégustait des crêpes au caramel au beurre salé dont j'ai encore le goût dans la bouche. Pour moi, tous ces moments étaient doux et précieux, parce que j'avais enfin mes deux parents rien que pour moi.

Le dimanche midi, j'aidais souvent ma maman à préparer le déjeuner familial, avec mes grands-parents, mon oncle, ma tante et mon cousin. Au menu : poulet fermier ou rôti de bœuf accompagné de ses pommes de terre sautées. Je me rappelle mon dégoût déjà très prononcé à l'époque pour la viande rouge, mais surtout la joie que j'éprouvais de voir toute ma famille réunie.

Cette maison de campagne était aussi le lieu de fêtes mémorables : mariages – trois, dont le mien –, deux baptêmes, ma communion… Les dîners du samedi soir se transformaient toujours en soirées qui se terminaient à pas d'heure. J'avais le droit de veiller ces soirs-là, et je proposais souvent aux copains de mes parents invités pour l'occasion une chorégraphie inspirée de celle des Claudettes – dont j'étais fan –, sur une musique de Claude François, bien sûr, moyennant la modique somme de 5 francs. Je me revois avec ma meilleure amie Isabelle, en jupette en daim et nos maillots de bain, du haut de nos 8 ans, assurer le show. Que de souvenirs…

Comme mon oncle et ma tante ne vivaient pas très loin, je passais des journées entières avec Ludovic, mon cousin, à jouer dans les bois environnants, dans les ruisseaux, ou à piquer des pommes dans les vergers des voisins. Nous étions les explorateurs les plus courageux de toute la Normandie ! L'insouciance de cette période me manque parfois.

Vivant à la campagne, j'ai toujours été entourée d'animaux : chiens, chats, hamsters, cochons d'Inde, lapins, chevaux, moutons, poules et poissons… Au point que je voulais en faire mon métier. Je me souviens, vers l'âge de 13 ans, lorsque mes parents me demandaient ce que je voulais faire plus tard, je répondais que je voulais étudier les dauphins ! Je voulais non seulement les étudier, mais aussi les soigner. Toujours ce besoin de prendre soin. Plus tard, j'ai voulu devenir biologiste marine. Mais la vie en a décidé autrement… ou pas.

L'eau, mon élément

J'aime la campagne, mais j'aime encore plus l'eau. Lorsque je partais en vacances chez Martine, la meilleure amie de ma maman, en Guadeloupe, je passais mes journées immergée dans le lagon. Ma mère disait toujours que j'étais un « véritable poisson ». C'est de là que vient ma grande passion pour le monde marin.

J'ai été élevée comme une enfant unique, et dans l'eau, mon élément, je me suis créé un monde. La proximité de la mer était alors pour moi une chance incroyable : la tête sous l'eau en permanence, avec ou sans masque, je me plaquais à quelques centimètres du fond et j'observais. Je n'étais jamais vraiment seule, car il se passe toujours quelque chose sous l'eau. Il m'arrivait de m'amuser avec un poisson, le mouvement d'une algue ou à attendre qu'un petit crabe veuille bien sortir du sable.

En grandissant, comme les mathématiques et les sciences n'étaient pas mes matières de prédilection, j'ai peu à peu abandonné l'idée de devenir biologiste marine, mais jamais celle de m'engager dès que l'occasion se présenterait. Et puis, le mannequinat est entré dans ma vie à 19 ans, et je travaillais non-stop. C'est un engrenage qui vous entraîne, mais la passion de la mer ne m'a jamais quittée. Mieux : chaque voyage m'a permis de découvrir des endroits magiques, où je profitais de chaque occasion pour aller sous l'eau, et c'est naturellement que je me suis initiée à la plongée sous-marine. Je me souviens de ma première plongée en bouteille comme si c'était hier : j'avais 23 ans et nous étions, David et moi, en voyage de noces. Voulant me faire plaisir, David a accepté, même si l'eau n'est pas son élément, de m'accompagner lors de cette plongée. Une fois sous l'eau, il a voulu toucher un fugu, ce petit poisson à l'allure assez rigolote qui gonfle quand il est effrayé, ce qui lui donne une bouche en cul-de-poule. David a donc voulu s'approcher du fugu et lui mettre le doigt sur la bouche. Le moniteur lui a attrapé la main et lui a fait « non » en agitant l'index. Il a ensuite pris un corail, l'a mis dans la bouche du poisson : un petit nuage de poussière en est immédiatement sorti… Nous nous sommes regardés, David et moi, et, une fois hors de l'eau, David m'a dit qu'il était content d'avoir encore ses dix doigts pour jouer du piano…

Dès lors, la plongée est devenue une passion : chaque fois que je le pouvais, je plongeais. J'ai eu la chance de plonger dans des lieux idylliques, magiques de beauté. J'avais envie de tout tester ; c'est comme ça que j'ai découvert la plongée de nuit. Lors de la première, j'avoue avoir eu très peur et avoir regardé souvent derrière moi avec ma lampe torche. Exercice très exigeant, il demande un certain niveau de pratique pour ne pas déranger le milieu aquatique nocturne – très différent de celui du jour – qu'on traverse, pour se faire le plus discret, le plus humble possible pour pouvoir observer la faune et la flore dans leur élément sans les perturber.

Ne jamais déranger, toujours s'adapter, se mêler, se fondre : en plongée comme durant mes voyages en général, j'ai toujours vécu en symbiose avec le lieu. Apprendre à cuisiner la nourriture locale, rencontrer les habitants, découvrir le pays sous tous ses aspects : cette ouverture d'esprit a forgé la femme que je suis aujourd'hui.

Les fonds marins, un monde à sauver

Pratiquer la plongée sous-marine m'a ouvert les yeux à la fois sur la beauté du monde marin mais aussi sur les nombreux dangers qui le guettent, notamment la surpêche et la pollution. Lorsque l'on le sait que les océans et les mers recouvrent 71 % de notre planète, que 3 milliards d'humains dépendent de la biodiversité marine et côtière pour subvenir à leurs besoins, on ne peut rester indifférent.

Je ne défends pas les océans parce que j'aime les baleines. C'est loin d'être aussi naïf – même si j'aime les baleines. C'est viscéral, inscrit au plus profond de moi. Je sais à l'intérieur que nous devons tout faire pour préserver la planète.

L'envie de dénoncer ces actes intolérables est née très tôt en moi ; je tentais de sensibiliser mon entourage sur les espèces à protéger, et surtout l'état des plages ou des mers. Mais par manque de temps et aussi, peut-être, un peu de motivation, je n'agissais qu'à mon – petit – niveau.

J'ai pu enfin transformer mes convictions en action grâce à une rencontre. En 2019, je participe à un salon littéraire à Marseille. Dans la file des gens venus faire dédicacer un de mes livres, une femme et sa fille attendent. Arrive leur tour. Géraldine – Parodi – me tend un exemplaire d'*Orahe* et m'offre un bijou, sa première création. Très touchée par cette attention, je lui propose de nous revoir le lendemain. Elle m'apprend alors qu'elle est créatrice de bijoux mais aussi scaphandrière et archéologue sous-marine ! Au fil de la discussion, nous découvrons que nous avons la même passion de la mer, et que notre ambition est de sensibiliser et d'agir pour la protection des océans. Je me suis renseignée et nous avons décidé de monter une association de loi 1901 à « spectre assez large », comme on dit dans le jargon associatif, pour ne pas nous restreindre dans nos actions.

Spero Mare est donc née d'un constat : le monde marin est essentiel à la survie de notre planète. Préserver les richesses et protéger la diversité des écosystèmes sous-marins est vital pour l'avenir de l'humanité. En comprendre les enjeux et les accepter est absolument nécessaire pour notre futur.

L'association s'adresse à tous ceux qui sont désireux de faire bouger les choses et qui souhaitent s'impliquer dans la sauvegarde du monde marin. Car, dans la lutte pour la sauvegarde des océans comme dans la vie en général, « tout seul on va plus vite, mais ensemble on va plus loin ». La force du collectif et la puissance d'une communauté mobilisée m'ont paru le mode d'action le plus efficace sur le terrain.

Aujourd'hui, il est nécessaire de garantir le vivre-ensemble entre l'homme et le milieu marin. La team Spero Mare agit donc auprès des enfants, des adultes et de tous ceux qui souhaitent sauvegarder et protéger les fonds marins, de façon très concrète, en organisant des journées de sensibilisation dans les écoles, des journées de nettoyage, de découvertes des fonds marins grâce à notre école de plongée, des pesées de déchets ramassés, de prélèvements d'éléments naturels pour la recherche scientifique. Nous souhaitons aussi mettre en avant des associations françaises œuvrant au niveau mondial, en les aidant à trouver les fonds nécessaires à leurs actions.

Cette année, j'ai repris les rênes de l'association en redevenant la présidente, afin de la faire grandir et l'emmener le plus loin possible, car la défense de ce monde si précieux est vitale pour l'humanité, et ce combat fait partie de ma vie.

« Oceano pour tous »

Je suis convaincue que, quand on veut, on peut faire plein de choses. Pour agir plus et mieux, j'ai passé mon niveau II qui permet de plonger à

40 mètres de profondeur et d'intégrer des plongées participatives, scientifiques et naturalistes, effectuer des relevés, avec des organismes et des associations dont c'est la spécialité. Je touche enfin du doigt mon rêve d'enfant : étudier et sauver le monde marin.

De fil en aiguille, en cinq ans, j'ai prouvé mon engagement envers les océans, et j'ai été contactée par l'Institut océanographique de Monaco. Fondé en 1906 par le prince Albert Ier, l'Institut océanographique est une fondation reconnue d'utilité publique. Il regroupe les acteurs scientifiques, politiques, économiques et le public pour faire connaître et protéger l'océan. Sous l'impulsion de son président d'honneur, S.A.S. le prince Albert II, l'Institut océanographique est porteur de nombreux projets (colloques, expositions, programmes pédagogiques…), en s'appuyant sur ses deux établissements, le Musée océanographique de Monaco et la Maison des océans à Paris.

L'Institut m'a ainsi proposé d'être la marraine des éditions 2023 et 2024 du concours pédagogique « Oceano pour tous ». L'objectif de ce concours est d'accompagner tout au long de l'année les enseignants et leurs classes, prioritairement de REP et REP+, Ulis, Segpa et de zones rurales, dans la concrétisation d'un projet sociétal et collectif pour la protection de l'océan, « en lien avec les objectifs de développement durable 13 et

14 (ODD) des Nations unies ». Le musée met à disposition des élèves et des enseignants inscrits les ressources pédagogiques de l'Institut ainsi que des visioconférences avec des scientifiques, afin de les aider à finaliser leur projet.

La volonté, l'enthousiasme, l'imagination et la fierté de ces enfants qui, en grande majorité, n'ont jamais vu la mer « en vrai », sont la plus belle des récompenses pour moi. Je les accompagne lors des visites que je fais dans les classes, et aussi de la remise des prix durant trois jours à Monaco ; l'émotion qui se lit dans leurs yeux quand certains d'entre eux découvrent la Méditerranée est extraordinaire. Voir que ces enfants, dont la mer n'est pas l'élément, s'engagent, s'investissent, me motive. Leur vision du monde marin est différente de la mienne ; à leur contact, j'échange, je partage, j'apprends, je pleure. Grâce à ce concours, nous faisons naître des vocations, j'en suis certaine. Ce sont eux les défenseurs de demain.

Mes engagements envers les enfants

En astrologie, je suis Taureau. Signe de tête, dit-on. Qu'on y croie ou non, il est un fait qu'on ne peut nier : je ne fais que ce que j'ai décidé. Si on m'oblige, je me cabre. Non pas par posture – je ne suis pas têtue –, mais parce que je crois toujours profondément à ce que je fais. Mes engagements, professionnels comme privés, sont sincères. J'ai en moi cette volonté de porter le message auquel je crois, et qu'il soit entendu par un maximum de gens. Je sais au plus profond de moi que ma mission de vie est de partager, de transmettre.

Quand je m'engage, c'est à fond. J'ai envie que ça marche ! De réussir ! Ce n'est pas toujours simple ; parfois, on se prend les portes dans la figure, on enchaîne les désillusions, les déceptions, mais il en faut plus pour me décourager. Je donne tout ce que j'ai pour que ça fonctionne. Je suis entière.

Très tôt, je me suis engagée auprès des enfants maltraités. À l'âge de 24, 25 ans, je suis devenue la marraine de l'association L'Enfant bleu - Enfance maltraitée. À l'époque, je n'avais pas encore d'enfant, et je sillonnais le monde entre séances photos et défilés de mode. Quand l'association m'a contactée, je n'ai pas hésité une seconde à mettre ma notoriété à contribution afin de sensibiliser un maximum de gens. Mais j'ai voulu aller plus loin, comprendre, apprendre. J'ai rencontré des pédopsychiatres, mené des actions loin des caméras. M'investir à fond n'était pas une option. L'enfance maltraitée est un drame qui ne peut être pris à la légère.

C'est pour cette raison que j'ai accepté quelques années plus tard d'être la marraine des Maisons des adolescents en France, projet porté par Bernadette Chirac et rendu possible par l'opération Pièces jaunes. Là encore, il s'agissait de mettre ma notoriété au service des enfants. Depuis sa création en 1989, la Fondation des Hôpitaux accompagne les institutions sanitaires et médico-sociales en soutenant leurs projets visant à améliorer le quotidien des publics les plus fragiles. Grâce aux opérations Pièces jaunes, elle récolte des fonds pour financer des projets de maisons de famille, de maisons des adolescents, des programmes de transition « Jeunes adultes »…

Lors de mes visites dans les Maisons, je passais la journée entière avec ces adolescents et partageais leurs ateliers thérapeutiques. À l'époque, mes filles étaient des « préados ». L'émotion était parfois si forte lorsque je rencontrais ces jeunes gens à peine sortis de l'enfance, qui auraient pu être les miens, et qui se débattaient dans de telles souffrances, qu'une fois dans le train du retour je craquais devant tant de courage et de désarroi… Comprendre leur mal-être, les accompagner lors de journées thérapeutiques a été une expérience que je n'oublierai jamais. À cette occasion, j'ai accompli un acte lourd de sens, pour la Fondation et pour moi : j'ai porté la première pierre de la Maison des adolescents du CHU Charles-Nicolle de Rouen, l'hôpital où mon père est mort quelques années plus tôt. On puise sa force dans les épreuves, j'en suis convaincue, et je suis ressortie encore plus forte lors de ma deuxième visite une fois que la Maison était en activité. Mais les vrais héros de cette aventure, ce sont les enfants, les adolescents et leurs familles confrontés à la maladie. Ne l'oublions jamais.

Aujourd'hui, dès que je le peux, j'accepte de m'engager auprès de l'enfance. Ces actions font partie de ma vie, de ma façon de voir la vie. De ce qui fait la vie : faire le bien autour de soi autant que possible pour continuer de vivre ensemble. Continuer d'apprendre, de partager, de protéger est vital. Cet engagement est important pour moi depuis longtemps, mais l'est plus encore à mesure que le temps passe : depuis plus de quinze ans, les recherches en neurosciences ont montré les bienfaits du bénévolat, du don de soi altruiste. Il permet non seulement de réduire l'isolement, mais aussi de combattre le stress et d'empêcher le vieillissement précoce en ayant un objectif autre que soi-même.

Non à la maltraitance animale

Protéger les animaux de compagnie

Protéger les plus fragiles passe aussi par le fait de m'engager auprès des animaux. Les deux chiens qui vivent avec moi, je les ai adoptés dans un refuge. J'ai aussi prêté main-forte aux Amis de Sam, une association 100 % bénévole qui réunit des femmes et des hommes qui refusent la maltraitance animale, notamment canine. Leur action : soigner et rééquilibrer les animaux maltraités pour leur donner une deuxième chance en les plaçant dans des familles d'accueil, développer une relation de confiance avec les propriétaires d'animaux en difficulté afin de trouver la meilleure solution pour l'animal, lutter pour que cette violence gratuite soit pénalisée, mettre en avant l'adoption des chiens adultes, âgés, et handicapés… Mon rôle était de placer les animaux maltraités afin de leur offrir une vie digne de ce nom.

Aujourd'hui, je soutiens une autre association, Action Protection animale[1], qui combat la maltraitance animale, sensibilise l'opinion publique et agit sur le terrain.

Pas de blablas ni de caméras dans ce cas : de l'action, rien que de l'action. Du concret. Et le sentiment que là est ma place.

Ce que je crois

Depuis plusieurs années maintenant, je ne mange plus de produits issus de l'élevage intensif. Viande bovine, ovine, caprine, volaille, œufs,

1. https://actionprotectionanimale.com.

fromage, poissons et produits de la mer : ma façon de consommer a changé.

Je fais partie de ceux qui pensent profondément qu'il est possible de se nourrir sans tuer d'animaux ou les maltraiter. Je ne souhaite faire ici aucun prosélytisme, chacun est libre de ses choix. Ma décision est le prolongement naturel de mon engagement envers la nature : je ne peux décemment d'un côté sauver des chiens maltraités et, de l'autre, manger de la viande issue d'élevage industriel où les bêtes sont traitées moins bien que des objets. Je ne peux rester insensible aux images qui circulent aujourd'hui sur la façon dont certains animaux, vaches, poulets, poussins, cochons, sont élevés, transportés puis abattus dans des conditions indignes. Je ne jette pas l'opprobre sur toute l'industrie agroalimentaire ; je ne suis pas du genre à faire des généralités ni à tirer de conclusions hâtives sans savoir. En revanche, je veux être en accord avec moi-même : si le doute est permis, je préfère m'abstenir.

J'ai donc décidé de ne plus manger de viande rouge. Je n'en ai jamais eu très envie. Il m'arrive encore d'acheter, chez un petit producteur normand que je connais bien et dont je connais l'exploitation, un fromage frais ou un poulet fermier. Je sais comment sont fabriqués les produits, je sais qu'il prend soin de ses animaux.

Ma démarche est la même concernant les poissons : plus je côtoie le monde marin, plus il me paraît nécessaire de consommer différemment les ressources maritimes. Et ce à double titre : d'abord, parce que les poissons de nos étals sont parfois issus de la surpêche, c'est-à-dire de la pêche excessive, destructrice des ressources halieutiques, qui menace les équilibres écologiques marins et la sécurité alimentaire. Environ 80 % des stocks de poissons seraient surexploités, et les dégâts sont considérables : perte de la biodiversité et déséquilibre des écosystèmes marins, diminution des populations en général et, en particulier, des prédateurs marins – qui est l'une des causes de la prolifération des méduses en Méditerranée – diminution de l'âge, de la taille et du poids des diverses espèces capturées, menaces de disparitions d'espèces, et impact sur l'alimentation des populations.

L'autre raison qui me pousse à changer mon mode de consommation des produits de la mer est que de nombreux poissons sont chargés en métaux lourds. D'après l'OSPAR[1], le mercure, le plomb, le cadmium et l'arsenic sont les métaux

1. La Convention pour la protection du milieu marin de l'Atlantique Nord-Est ou Convention OSPAR (OSPAR pour « Oslo-Paris ») définit les modalités de la coopération internationale pour la protection du milieu marin de l'Atlantique Nord-Est. Elle est entrée en vigueur le 25 mars 1998.

toxiques que l'on trouve dans les poissons de consommation courante. Les spécimens les plus touchés sont les poissons dits « de bout de chaîne » ; c'est-à-dire les gros poissons et les plus gras : thon, saumon, espadon… Privilégions donc les petits poissons, comme les anchois, les maquereaux et les sardines. Et surtout essayons autant que possible de consommer responsables. C'est de notre avenir qu'il est question.

MON LIVRET DE RECETTES

Pour terminer ce livre, j'ai eu envie de vous confier ma routine alimentaire. Prodiguer des conseils est une chose, savoir les appliquer en est une autre. C'est souvent le plus difficile et la raison pour laquelle on ne les met pas en pratique : pas d'idée de menus, pas envie de se compliquer la vie à cuisiner, pas le temps de faire les courses…

J'ai donc compilé des recettes santé faciles pour les trois repas de la journée : le petit déjeuner, le déjeuner et le dîner, mais aussi des sauces et des boissons, agrémentés d'astuces et de *tips* pour cuisiner sain et à moindre coût.

Focus : Ce que j'ai toujours dans mes placards

Pour bien cuisiner, il faut toujours avoir sous la main des produits de base. Voici la liste de ceux que j'utilise le plus fréquemment : du lait végétal, de la compote de pommes, des pâtes sans gluten, de la purée de tomates bio, des conserves de maïs, de haricots blancs et rouges, du beurre de cacahuètes, de la purée d'amandes, du riz (GABA et noir), sarrasin ou sésame en graines, des sardines en boîte bios, des épices en tout genre, du sirop de dattes, du bicarbonate de soude alimentaire pour la pâtisserie, du vinaigre de cidre, des algues (déshydratées), du lait de coco, un mélange d'huiles Quintesens 50+, et du tofu soyeux.

Le petit déjeuner

À tous les âges, mais encore plus après 50 ans, le petit déjeuner, si vous le prenez, doit être protéiné et idéalement salé.

Focus : Pourquoi préférer le pain intégral au pain complet ?

Le pain complet est fabriqué à partir d'une farine contenant une grande partie des éléments du grain, mais dont on a retiré une partie du son, riche en éléments minéraux et en fibres.
Le pain intégral, lui, est fabriqué avec la totalité de la céréale, sans rien tamiser, conservant ainsi tous les composants du froment, y compris le son ou le germe.

Avocado toast de pain intégral et son œuf mollet

POURQUOI ?

Le pain intégral est riche en fibres et minéraux, et l'œuf offre dès le matin un apport en protéines idéal pour lutter contre la perte de masse musculaire.

Préparation : 10 minutes
Cuisson : 6 minutes

Ingrédients (pour 4 personnes)
4 avocats bien mûrs
4 tranches de pain intégral
4 œufs
1 grenade
Une pincée de cumin en poudre
Graines de sésame
Sel, poivre

Préparation
Dans un cul-de-poule, écraser les avocats. Répartir la mixture sur les 4 tranches de pain.
Faire cuire les œufs 6 minutes au Vitaliseur.
Les déposer sur les tartines.
Ajouter sel, poivre, le cumin, les graines de sésame et de grenade.

Petit déj des sportifs

Peut aussi être servi en plat principal

POURQUOI ?

Ce plat est bénéfique à plus d'un titre, notamment pour les femmes de plus de 50 ans : le chanvre, riche en acides gras, aide à l'équilibre hormonal ; les épinards luttent contre le vieillissement, notamment le stress oxydatif néfaste pour le cerveau, grâce à la lutéine qu'ils contiennent, contre l'ostéoporose grâce au calcium et la vitamine K, et sont riches en fibres ; les œufs sont une source de protéines nécessaires contre la perte musculaire, et le quinoa, céréale sans gluten, grâce aux flavonoïdes, aux protéines, aux acides aminés et aux fibres qu'il contient, est l'aliment complet par excellence, qui rassasie et aide à réguler la glycémie.

Préparation : 15 minutes
Cuisson : 15 minutes

Ingrédients
80 g de quinoa (cuit la veille)
2 belles poignées de pousses d'épinard frais
1 œuf

1 grenade
2 cuillères à soupe d'huile d'olive
Des graines de chanvre
Du gomasio
Sauce au piment végétarien
1 cuillère à café de ghee (beurre clarifié)

Préparation

Faire cuire l'œuf façon mollet 6 minutes au Vitaliseur. Dans une poêle chaude avec un peu de ghee, faire cuire les pousses d'épinard jusqu'à ce qu'elles deviennent fondantes.

Dans un saladier, verser le quinoa cuit, les pousses d'épinard, la grenade et le gomasio. Ajouter les graines de chanvre, l'œuf mollet et arroser de sauce au piment végétarien.

Toast des Vikings

POURQUOI ?

Le tofu soyeux est source de protéines et de phyto-œstrogènes, idéal en période de préménopause, et la truite est riche en oméga 3 qui réduisent les bouffées de chaleur, la déprime et sont anti-inflammatoires.

Préparation : 10 minutes

Ingrédients (pour 4 personnes)
4 tranches de pain intégral ou de seigle
60 g de tofu soyeux
2 cuillères à soupe d'huile d'olive
3 pincées de fleur de sel
1 trait de vinaigre de cidre
Ciboulette, aneth
4 filets de truite fumée
2 cuillères à soupe d'œufs de truite

Préparation
Toaster les tranches de pain. Dans un cul-de-poule, fouetter le tofu soyeux, l'huile d'olive, le vinaigre, le sel et la ciboulette.

Répartir le mélange sur les 4 tranches de pain et effilocher chacun des 4 filets de truite fumée sur les tartines.
Ajouter les œufs de truite et l'aneth.

Corn bread

POURQUOI ?

Le maïs contient du phosphore, qui maintient la qualité des os et des dents.

Préparation : 15 minutes
Cuisson : 30 minutes

Ingrédients (pour 4 personnes)
1 conserve de maïs bio (300 g)
120 g de semoule de maïs
125 g de farine sans gluten au choix
1 cuillère à café de levure chimique
2 pincées de sel
2 œufs
120 g d'huile d'olive
40 g de miel

Préparation
Préchauffer le four à 180 degrés.
Dans un cul-de-poule, mélanger la farine, la semoule de maïs, la levure et le sel. Ajouter les œufs, le maïs, l'huile d'olive et le miel.
Mélanger au fouet et verser dans un moule à gâteaux.
Faire cuire 30 minutes à 180 degrés.

Omelette aux épinards et au manouri

POURQUOI ?

Les œufs et le manouri sont une source de protéines, indispensables pour maintenir la masse musculaire. Les épinards sont un puissant antioxydant qui lutte contre le stress oxydatif du cerveau, sont riches en calcium et en vitamine K pour prévenir l'ostéoporose, et en fibres pour un transit équilibré.

Préparation : 10 minutes
Cuisson : 10 minutes

Ingrédients (pour 4 personnes)
8 belles poignées d'épinards frais
4 œufs
Matière grasse végétale
1 bloc de manouri

Préparation
Jeter les épinards dans une poêle avec un peu de matière grasse végétale. Ajouter un œuf et du manouri coupé en dés. Cuire suivant son goût.

Bol de chia aux fruits frais et à coque

POURQUOI ?

Les graines de chia sont mon super-aliment préféré depuis plusieurs années maintenant. Elles sont riches en tout, mais surtout en oméga 3 et en fibres pour un transit équilibré et une sensation de satiété appréciable en période de périménopause.

Préparation : 5 minutes
Temps de repos : 12 heures

Ingrédients (pour 4 personnes)
120 g de graines de chia
500 ml de lait végétal
Fruits de saison
Amandes, noisettes, noix suivant la saison

Préparation
Dans un saladier, mélanger des graines de chia avec le lait végétal. Laisser reposer la nuit complète au réfrigérateur.
Déguster en ajoutant les fruits frais et à coque.

Tip : Attention aux céréales. À l'avoine notamment, céréale qu'on donne aux animaux pour qu'ils grossissent. Ne pas en abuser, comme de tout le reste.

Les entrées

J'aime commencer un repas par une douceur pour m'ouvrir l'appétit et stimuler mes papilles. Voici mes recettes d'entrées préférées.

Coleslaw à la sauce tahini

POURQUOI ?

Le tahini, ou purée de sésame, est un aliment que j'adore : riche en vitamines et minéraux, en graisses saines et en acides aminés, il régule la tension artérielle et le mauvais cholestérol, et aide à la bonne santé osseuse grâce au magnésium qu'il contient.

Préparation : 20 minutes

Ingrédients (pour 4 personnes)
¼ de chou rouge
¼ de chou blanc
1 carotte
20 g de raisins secs

Sauce :
2 cuillères à soupe de tofu soyeux
1 cuillère à soupe de tahini
Huile d'olive
1 jus de citron

Préparation
Râper les choux et la carotte à l'aide d'une râpe manuelle. Ajouter les raisins secs.

Pour la sauce, mélanger dans un bol le tofu, le tahini, le jus de citron et diluer à l'huile d'olive. Ajouter la sauce aux choux et à la carotte. Assaisonner à votre goût.

Rillettes de sardines maison avec sa salade verte

POURQUOI ?

Ah, la sardine… Encore un super-aliment : elle est non seulement riche en protéines et en oméga 3, mais aussi en calcium, en magnésium, en phosphore et en vitamines B12 et D. Elle fortifie les muscles et les os, ralentit le déclin cognitif, cardiaque et cérébral, et prend soin de notre corps tout entier.

Préparation : 5 minutes

Ingrédients (pour 4 personnes)
1 boîte de sardines à l'huile, entières ou en filet
½ bloc de fromage à tartiner, de Saint-Môret ou de Violife creamy original (fromage végétal)
Une pincée de piment d'Espelette
Graines de chanvre
Sel, poivre

Préparation
Dans un bol, mélanger les sardines, le fromage à tartiner, le sel, le poivre et le piment.
Ajouter les graines de chanvre avant de servir avec des chips de sarrasin ou des bâtonnets de crudités.

Soupe phô

Peut aussi être proposé en plat complet si on ajouter des protéines.

POURQUOI ?

Cette soupe traditionnelle vietnamienne est non seulement très rassasiante, mais aussi riche en collagène si on prépare son propre bouillon maison à base d'os de bœuf ou de poulet, donc préserve l'élasticité de la peau et les articulations, et les nombreuses épices qui entrent dans sa préparation régulent la glycémie.

Préparation : 10 minutes
Cuisson : 35 minutes

Ingrédients (pour 4 personnes)
1 l de bouillon de volaille
350 g de nouilles de riz
1 morceau de 5 cm de gingembre
1 bâton de cannelle
1 oignon
3 clous de girofle
2 étoiles de badiane
1 citron vert
1 cuillère à café de sauce tamari

Poivre
4 shitakés frais ou déshydratés
1 cébette
1 cuillère à soupe de coriandre fraîche

Préparation
Peler l'oignon et le piquer des 3 clous de girofle.
Peler et émincer le gingembre.
Dans un récipient de cuisson (casserole, faitout), verser le bouillon, ajouter l'oignon, le gingembre, la badiane, la cannelle, le poivre et la sauce tamari.
Laisser cuire à feu moyen pendant 20 minutes.
Ajouter les shitakés et la cébette que vous aurez hachée.
Laisser cuire encore 15 minutes.
Ajouter les nouilles de riz, bien mélanger.
Servir chaud avec quelques feuilles de coriandre.

Bouillon de collagène

Pour se supplémenter en collagène, que notre corps produit en moindre quantité avec l'arrivée de la ménopause, faites bouillir dans un grand volume d'eau la carcasse du poulet ou les têtes des poissons, avec des oignons, des carottes, du céleri, des clous de girofle. Vous pouvez le boire seul, l'utiliser comme liquide de cuisson, et le congeler.

Les plats

Qu'elles soient « plat unique » ou à intégrer dans un menu, voici des recettes faciles et saines pour bien nourrir son corps comme son cerveau.

Légumes d'automne et manouri au four

POURQUOI ?

La courge et le potimarron sont sources de fibres, pour un transit apaisé, peu caloriques mais rassasiants, riches en vitamine A et antioxydants, donc efficaces contre le vieillissement des tissus. Quant au fenouil, il évite les ballonnements et facilite lui aussi le transit.

Préparation : 10 minutes
Cuisson : 20 minutes

Ingrédients (pour 4 personnes)
1 courge
1 potimarron de petite taille
1 fenouil
200 g de manouri
Huile 50+
Romarin
Origan
Thym
Sel et poivre

Préparation
Préchauffer le four à 180 degrés.

Laver la courge, le fenouil et le potimarron, les découper en tranches.
Recouvrir la plaque de papier de cuisson, disposer les tranches de courge, de fenouil et de potimarron. Arroser d'huile 50+ et parsemer des herbes aromatiques. Saler, poivrer.
Enfourner. À mi-cuisson, ajouter le manouri découpé en tranches.
Enfourner de nouveau.

Tip : plus les tranches de légumes seront fines, moins le temps de cuisson sera long.

Riz GABA aux légumes sautés et tofu

POURQUOI ?

Le GABA (acide gamma-aminobutyrique) est un neurotransmetteur naturel qui aide à calmer le système nerveux. Le riz GABA permet donc de réduite le stress et l'anxiété, de contrôler l'humeur, d'améliorer le sommeil et la concentration.

Préparation : 25 minutes
Cuisson : 25 minutes

Ingrédients (pour 4 personnes)
250 g de riz GABA
½ chou chinois
3 carottes
2 courgettes
1 cébette
500 g de tofu nature
1 cuillère à soupe d'huile 50+ ou de sésame ou du ghee
1 cuillère à soupe de farine sans gluten de son choix

Épices (au choix) :
Ail en poudre
Curry en poudre
Curcuma en poudre

Paprika doux en poudre
Gingembre en poudre
Tamari

Préparation
Faire bouillir un litre d'eau et faire cuire le riz GABA 25 minutes.
Émincer le chou chinois et couper en lamelles à l'économe les carottes et les courgettes.
Dans un saladier, mettre le tofu découpé en dés et ajouter les épices suivant ses goûts avec la farine. Bien mélanger pour répartir les épices et la farine.
Faire revenir dans une poêle avec l'huile ou le ghee les dés de tofu jusqu'à ce qu'ils soient bien dorés.
Dans un wok ou une poêle, faire revenir les légumes tout en conservant leur croquant.
Une fois le riz cuit et égoutté, ajouter les légumes, le tofu et server chaud.

Tip : Si vous aimez les saveurs thaïes, optez pour l'huile de sésame mais abandonnez le curry. Si, au contraire, vous aimez les saveurs indiennes, misez sur le curry et le ghee.

Dahl de lentilles au brocoli

Pourquoi ?

Les lentilles sont une source de fibres, de fer, de potassium, de vitamine B1 bonne pour le cœur et de glucose à libération prolongée bénéfique pour le cerveau. De plus, le curcuma, antioxydant reconnu, stimule le DHA (oméga 3) dans le cerveau, indispensable à son fonctionnement.

Préparation : 15 minutes
Cuisson : 20 minutes

Ingrédients (pour 4 personnes)
2 cuillères à café d'huile de coco
1 oignon jaune
Cardamome en poudre
Cumin en poudre
4 gousses d'ail
2 cuillères à soupe de gingembre frais haché
500 g de lentilles
1 l de bouillon de légumes
125 g de tomates fraîches en dés avec leur jus
500 g de brocoli
80 g de coriandre hachée
1 cuillère à café de curcuma
125 ml de lait de coco entier
Sel et poivre

Préparation

Faire chauffer l'huile dans une casserole à feu moyen-vif. Jeter l'oignon émincé et faites-le revenir durant 5 minutes.

Ajouter le cumin, la cardamome, l'ail et le gingembre hachés. Cuire en remuant pendant 2 minutes.

Ajouter les lentilles, les légumes, les tomates et leur jus, les brocolis, la coriandre hachée, le curcuma, le lait de coco. Porter à ébullition, puis couvrir et laisser cuire à feu doux en remuant régulièrement jusqu'à ce que les lentilles soient fondantes, environ 15 minutes.

Courgettes et féta rôties au zaatar

POURQUOI ?

Le zaatar est un puissant antioxydant qui ralentit le vieillissement.

Préparation : 10 minutes
Cuisson : 20 minutes

Ingrédients (pour 4 personnes)
3 courgettes
200 g de tomates cerises
300 g de féta
1 oignon rouge
2 gousses d'ail
3 cuillères à soupe d'huile d'olive
2 cuillères à café de zaatar
Coriandre

Préparation
Préchauffer le four à 200 degrés.
Peler et émincer l'oignon et l'ail. Couper les courgettes en fines tranches et les tomates cerises en deux.
Dans un plat, déposer la féta au centre, les courgettes, les tomates cerises et l'ail autour.

Arroser d'huile d'olive et de zaatar.
Faire cuire 20 minutes.
Ajouter la coriandre une fois le plat sorti du four.

Colombo

POURQUOI ?

Le colombo, un plat originaire des Antilles et inspiré de la cuisine indienne, est non seulement délicieux mais également bénéfique pour la santé grâce à ses nombreuses épices : curcuma, cumin, gingembre sont riches en antioxydants. Le curcuma, en particulier, contient de la curcumine, connue pour ses effets anti-inflammatoires et antioxydants puissants. Ces antioxydants aident à protéger les cellules contre les dommages et peuvent réduire le risque de maladies chroniques. Elles sont aussi anti-inflammatoires : elles aident à apaiser les douleurs articulaires et les maladies inflammatoires. Enfin, le curcuma et le gingembre sont connus pour avoir un effet régulateur sur la glycémie.

Préparation : 15 minutes
Marinade : 1 heure
Cuisson : 45 minutes

Ingrédients (pour 4 personnes)
1 gros poulet bio élevé en plein air
2 courgettes moyennes
4 pommes de terre moyennes
4 gousses d'ail

1 gros oignon
2 cuillères à café d'épices pour colombo (curcuma, gingembre, cumin…)
1 cuillère à soupe de thym
2 feuilles de laurier
1 cuillère à café de piment concassé
2 cuillères à soupe de persil haché
1 cuillère à soupe de vinaigre de vin
1 citron vert
Huile d'olive
Sel, poivre

Préparation

Faire mariner les morceaux de poulet pendant 1 heure dans un mélange composé de la moitié de l'ail écrasé, de piment, de sel, de poivre et de vinaigre.
Faire revenir le poulet une fois mariné dans une cocotte avec un filet d'huile d'olive, l'oignon, le reste d'ail, le thym et le laurier. Ajouter les légumes coupés en morceaux et le persil.
Délayer la poudre de colombo dans un peu d'eau et l'ajouter à la cocotte. Remuer.
Couvrir d'eau et laisser cuire 30 à 40 minutes à feu moyen.
Arroser du jus de citron vert avant de servir.

Riz aux trois épices

POURQUOI ?

Le clou de girofle, puissant antiseptique, le cumin, antispasmodique, et la cannelle favorisant la satiété et régulant la glycémie font de ce plat un moyen de mettre au repos son système digestif.

Préparation : 15 minutes
Cuisson : 20 minutes

Ingrédients (pour 4 personnes)
2 verres de riz basmati semi-complet
1 cuillère à soupe de ghee
4 clous de girofle
1 bâton de cannelle
1 cuillère à soupe de graines de cumin
480 ml d'eau

Préparation
Rincer le riz. Le faire revenir dans du ghee dans un récipient de cuisson (marmite, faitout). Ajouter les clous de girofle, la cannelle et le cumin.
Quand le riz est translucide, ajouter l'eau. Cuire à feu doux 10 minutes.

Lieu noir mariné au gingembre

Pourquoi ?

Le lieu apporte son lot de protéines saines. Quant au gingembre, il joue le rôle d'antioxydant, d'anti-inflammatoire, aide à contrôler la glycémie et à la digestion.

Préparation : 15 minutes
Temps de repos : 3 à 4 heures
Cuisson : 8 minutes

Ingrédients (pour 4 personnes)
4 filets de lieu noir
4 cuillères à soupe d'huile de canola non raffinée
1 morceau de gingembre frais de 2,5 cm
3 clous de girofle
Jus d'un ½ citron
1 cuillère à soupe de sirop d'érable bio
2 cuillères à soupe de tamari
Sel, poivre

Préparation
Préparer la marinade en mélangeant dans un cul-de-poule 3 cuillères à soupe d'huile, le gingembre, les clous de girofle, le jus de citron, le sirop d'érable et le tamari. Placer les filets dans

un plat, recouvrir de marinade et d'un film plastique puis placer au réfrigérateur pendant 3 ou 4 heures.

Dans une poêle, faire chauffer la cuillère d'huile restante et faire cuire les filets 4 minutes de chaque côté.

LES SAUCES

Il n'y a rien de pire qu'un plat fade... Voici quelques recettes de sauces qui, en plus de relever vos plats, préserveront votre santé.

Sauce tamari

Des paillettes d'algues bios
1 cuillère à soupe de sauce de tamari
3 cuillères à soupe d'huile (olive, avocat...)

Sauce miso/tamari/miel/huile

(Attention à la provenance du miel ! Assurez-vous sur l'étiquette qu'il a bien été récolté en France)
1 cuillère à soupe de miso (pour 1 saumon ou poulet)
1 cuillère à soupe de tamari
2 cuillères à soupe d'huile d'olive
1 cuillère à soupe de miel
Cumin si viande, mais pas saumon

Vinaigrette

2 cuillères à soupe de miso
2 cuillères à soupe de vinaigre balsamique
1 cuillère à soupe de sirop d'agave
3 cuillères à soupe d'huile (olive, lin...)

Sauce au tofu

Du tofu soyeux selon son goût
1 gousse d'ail pressée (ou en poudre)
Du tahini

1 citron bio
1 yaourt de brebis (sauce yaourt plus légère pour kefta, viandes, dips de légumes)

Sauce aux herbes

3 cuillères à soupe d'huile
1 cuillère à soupe de tamari
1 mélange d'herbes moulinées (pousses d'épinards, roquette, pourpier, coriandre, persil...)
Du gomasio (avec viande, légumes ou poisson)

Sauce chien

Ingrédients
1 tomate coupée en dés
1 petit oignon jaune
2 gousses d'ail
4 branches de cive
4 branches de persil plat
1 piment végétarien
1 pointe de piment fort
1 citron vert (ou 3 cuillères à soupe de vinaigre blanc)
10 cl d'eau frémissante
5 à 10 cl d'huile d'olive
1 pincée de sel et de poivre

Préparation

Hacher finement oignon, cive, persil, piment, puis presser ou râper les gousses d'ail et réserver dans un petit saladier.

Saler et poivrer.

Ajouter le jus du citron vert, l'eau frémissante (pas bouillante) et l'huile.

Mélanger et laisser « infuser » le mélange pour 30 minutes avant utilisation.

La sauce se conserve jusqu'à 5 jours au réfrigérateur.

Les desserts

Nous l'avons vu, le sucre est à bannir au maximum de notre alimentation car il fait vieillir. Alors misons plutôt sur les épices, comme la cannelle, le gingembre, le clou de girofle, qui régulent la glycémie.

Mouhalabieh végétal

Pourquoi ?

La fleur d'oranger (qu'on peut remplacer par des pistils de safran) favorise la détente et met de bonne humeur.

Préparation : 5 minutes
Cuisson : 5 à 8 minutes

Ingrédients (pour 4 personnes)
500 g de lait d'amande (plus digeste que le lait de vache)
40 g de fécule de maïs
4 cuillères à soupe de sirop d'érable
2 cuillères à soupe d'eau de fleur d'oranger
1 poignée d'amandes et de pistaches concassées

Préparation
Verser le lait d'amande dans une casserole. Ajouter le sirop d'érable et la fécule de maïs en la diluant à froid avec un fouet.
Porter le mélange à ébullition en continuant à mélanger délicatement jusqu'à obtenir une texture crémeuse.
Hors du feu, ajouter la fleur d'oranger, lisser et verser dans 4 ramequins individuels.

Laisser refroidir au réfrigérateur pendant 2 heures minimum.
Ajouter les amandes et pistaches concassées avant de servir.

Délice chocolaté aux haricots rouges

POURQUOI ?

Les haricots rouges, en plus d'être antioxydants, riches en fibres et en protéines, sont une alternative parfaite aux farines contenant du gluten.

Préparation : 10 minutes
Cuisson : 40 minutes

Ingrédients (pour 6 personnes)
250 g de haricots rouges
2 œufs
50 g de poudre d'amande
40 g de poudre de cacao
4 carrés de chocolat noir 80 %
100 g de sirop d'érable
1 cuillère à café de beurre

Préparation
Préchauffer le four à 180 degrés.
Verser les haricots rouges, les œufs, le cacao, et le sirop d'érable dans un mixeur et mixer jusqu'à obtenir une préparation homogène.
Ajouter les carrés de chocolat coupés au couteau façon pépites de chocolat.
Verser le tout dans un plat beurré.
Enfourner et laisser cuire 40 minutes à 180 degrés.

Blanc-manger

POURQUOI ?

Bien qu'un peu sucré, ce dessert est pour moi une véritable madeleine de Proust. S'il me fait du bien au moral, il devrait en être de même pour vous !

Préparation : 15 minutes
Temps de réfrigération : 4 heures

Ingrédients (pour 4 personnes)
40 cl de lait de coco
20 cl de lait concentré sucré
20 cl de lait concentré non sucré
4 feuilles de gélatine
1 gousse de vanille
Zeste de citron vert
1 pincée de cannelle

Préparation
Mettre à tremper la gélatine dans un bol d'eau froide pour 5 minutes.
Dans une casserole, disposer le lait de coco, lait concentré sucré et le lait concentré non-sucré. Ajouter la cannelle, la vanille et le citron vert.

Porter à frémissement. Incorporer la gélatine préalablement essorée et bien mélanger au fouet à main. Verser dans un moule ou dans des ramequins. Réserver au frais au minimum 4 heures.

Les boissons

Rien de mieux que l'eau plate pour se désaltérer tout au long de la journée. Mais on peut aussi se faire plaisir avec des boissons bonnes pour la santé.

Red smoothie

POURQUOI ?

Les fruits rouges sont très antioxydants, le millet est excellent pour réguler la glycémie, pour la santé cardiaque et les os, tandis que le jus de canneberge protège des infections urinaires.

Préparation : 5 minutes

Ingrédients (pour 4 personnes)
300 g de yaourt de brebis
500 g de mélange de fruits rouges frais ou surgelés
4 cuillères à soupe de flocons de millet
3 cuillères à soupe de miel liquide
300 ml de jus de canneberge

Préparation
Verser tous les ingrédients dans le bol d'un blender ou d'un mixeur et mixer jusqu'à obtenir une préparation lisse.
Servir immédiatement.

Lait d'automne

Pourquoi ?

Les épices qui donnent à ce lait d'automne ce goût unique et si réconfortant jouent un rôle majeur dans la régulation de la glycémie.

Préparation : 5 minutes
Cuisson : 35 minutes

Ingrédients (pour 4 personnes)
1 potimarron
1 l de lait végétal
Sirop d'érable
Cannelle en poudre
Cardamome en poudre
Muscade
Poivre noir

Préparation
Préchauffer le four à 180 degrés.
Couper le potimarron en gros cubes après l'avoir épépiné.
Les déposer sur la plaque recouverte de papier cuisson et verser dessus un filet de sirop d'érable.
Après 30 minutes de cuisson, prélever 4 belles cuillères à soupe de potimarron.

Faites chauffer le lait dans une casserole avec 4 cuillères à soupe de sirop d'érable.
Avec un mixeur plongeant ou dans un blender, mélanger le lait chaud, le potimarron et les épices.

Conclusion

TRANSMETTRE

Que peut-on se souhaiter pour l'avenir ?

Je me souhaite d'abord d'apprendre jusqu'à mon dernier souffle, car c'est une des meilleures façons de bien vieillir et de conserver un cerveau en pleine santé.

Je me souhaite de transmettre encore. Le temps de notre passage sur terre, nous sommes des vecteurs de transmission de nos savoirs, de nos connaissances, de nos apprentissages, vers les générations futures. Pendant que j'écrivais ce livre, ma fille Ilona a retrouvé le carnet de bord de sa naissance. Allaitement, heure des tétées, premier mot, premier pas, premier sourire… j'avais tout noté, comme le font souvent les mamans avec leur premier enfant. Par moments, je m'adressais à elle : je posais là ma tristesse quand je la quittais pour aller travailler. Grâce aux traces que je lui laisse, je lui transmets un peu de mon histoire, mais aussi de mon expérience, maintenant qu'elle aussi est devenue mère. Le cercle vertueux est en marche.

Je me souhaite de ne pas avoir peur pour être à l'écoute du monde : peur de l'inconnu, peur des autres, peur du lendemain, peur de vieillir. La peur nous fige, nous immobilise, et à cause d'elle nous accumulons des monticules de regrets. Moi, je veux découvrir, je veux aller voir demain.

Je me souhaite de formuler de la gratitude envers ce qui m'entoure. On oublie souvent de remercier la vie. J'aime beaucoup cette phrase d'un gourou hindou : « Vous devez dire chaque matin quand vous vous réveillez – si vous vous réveillez : voilà encore une autre journée. Et remerciez. » Mais je me souhaite aussi de me congratuler moi-même, de me féliciter chaque jour et de ne pas l'attendre des autres, me complimenter : « Je suis une bonne maman, une femme d'affaires accomplie, une femme talentueuse... » Je sais me réinventer si ça ne va pas. On est capable de faire tellement !

Je me souhaite de continuer à bouger, à ne jamais faire de sur-place. Se donner des objectifs clairs et avoir la certitude qu'on peut le faire est une valeur forte qui permet de ne pas vieillir prématurément. La santé est le seul critère qui peut nous empêcher. Nous devons tenter, quel que soit notre âge. Faire me donne de la force, et l'avoir fait me donne de l'énergie, une grande jeunesse d'esprit.

Je souhaite vieillir bien en bonne santé en me rapprochant de la nature, dans mon alimentation, mes activités physiques et mentales. Il me semble impossible pour l'humanité de bien vieillir sans cette reconnexion.

Je me souhaite de pouvoir continuer à aimer et à partager, avec ma famille, mes proches, ceux que j'aime.

Je nous souhaite enfin une vie la plus longue, la plus sereine, la plus belle possible. Pour cela, un seul mot : *welcome.*

Mes inspirations

Lisa Mosconi, *Brain Food : How to Eat Smart and Sharpen Your Mind*, Penguin Life, 2019 (non traduit en français).

Lisa Mosconi, *The XX Brain : The Groundbreaking Science Empowering Women to Maximize Cognitive Health and Prevent Alzheimer's Disease*, Penguin Publishing Group, 2022 (non traduit en français).

Deepak Chopra, *Les Fabuleux Pouvoirs de votre cerveau*, J'ai lu, 2021.

Céline Roy et Virginie Paré, *30 jours pour aimer son ventre : sport – alimentation – émotions*, Flammarion, 2024.

Elvira Masson, Jennifer Hart-Smith, *Le Manuel gourmand de la ménopause*, Seuil, 2023.

Remerciements

Merci à papa et à maman pour leur amour, qui me porte encore aujourd'hui.

Merci à mes trois amours inconditionnels, Ilona, Emma et Giuliano, vous êtes ma force, vous me donnez cette envie d'aller plus loin.

Merci à Harrison pour ces précieux moments de partage et d'amour, qui font de moi une grand-mère épanouie.

Un profond remerciement à l'équipe Flammarion, et tout particulièrement à mon ami et éditeur Guillaume Robert, pour leur confiance.

Merci à ma Virginie, mon binôme, sans qui le livre n'existerait pas.

Merci à Frederick Junguenet pour ses conseils bienveillants et son écoute précieuse.

Merci à Olivier Borde, ami et talentueux photographe, toujours à mes côtés pour capturer l'instant sur terre ou sous l'eau.

Welcome

Merci à la « communauté » Spero Mare de m'aider à protéger et à préserver notre planète bleue.

Merci à Robert Calcagno, Émilie Vitale, Alexandra Bardy, Tiziana Caporale, Laurie Perrot et toute l'équipe de l'Institut océanographique de Monaco pour m'avoir confié ce joli rôle d'ambassadrice d'Oceano pour tous.

Merci aux spécialistes que j'ai rencontrés d'avoir partagé avec moi leurs savoir-faire.

Merci à Ludovic, Anne B., Sophie et David, Emmanuelle dite « Emma », Estelle C., Marina, Jérémy et Steeve d'être toujours présents dans les mauvais comme dans les bons moments. Vous comptez pour moi.

Merci enfin à vous, qui me suivez depuis de longues années. Sans vous, l'envie de partager mes recherches et mes conseils ne serait pas aussi joyeuse.

Table

Troisième partie
Profiter

Quatrième partie
S'engager

Mon livret de recettes

NORD COMPO
multimédia

Composition et mise en pages
Nord Compo à Villeneuve-d'Ascq

Imprimé en France par CPI
en mars 2025

Dépôt légal : janvier 2025
N° d'édition : 663777-1
N° d'impression : 183569